Origami Rose & Kusudama
折り紙のバラとくすだま

中 一隆／著

Contents

Guidance
- 折りはじめる前の基礎知識……5
- 折り方記号の見方……6
- よく使う折り方・よく使う基本の形……7〜9

Part 1
1枚の折り紙で作るバラ

- U1-1 くすだまパーツ1つのバラ……12〜16
  - 花びらの先を美しくカールさせるコツ……15
- C1 花芯を巻きからめるバラ1……17〜19
- C3 花芯を巻きからめるバラ2……20〜23
- T1 たとう折りのバラ……24〜29
- S2 トーラス構造のバラ……30〜39
  - トーラス構造って？……39

この本に関するご質問は、お電話またはWebで
書名／折り紙のバラとくすだま
本のコード／NV70539
編集担当／飯島亮子
Tel：03-3383-0637（平日13：00〜17：00受付）
Webサイト「手作りタウン」 https://www.tezukuritown.com
※サイト内（お問合せ）からお入りください（終日受付）

- U1-12、U1-24、U1-30の基本ユニット……42〜43
  - 巻きぐせのつけ方・ユニットの組み方……43
- U1-12 基本ユニット12個のくすだま……44〜45
- U1-24 基本ユニット24個のくすだま……44〜45
- U1-30 基本ユニット30個のくすだま……46〜47
- U1-20 星のバラ玉……48〜50
  - くすだまの構造と多面体……51
- U4-4 花弁の多い華やかなバラ……52〜58
- U4-30 薔薇のくすだま……52〜55、59〜61
- U7L-4、U7L-5 切り込みを入れて折るバラ……62〜65
- U7W-4 切り込みを入れて折るバラ……66〜67

- 鶴のお正月飾り……68・76〜79
- つばき……69・80〜84
- カーネーションとブーケ……70・85〜95
- バラのテーブルフラワー……71・96〜97
- ぼうしとヒマワリ……72・98〜102
- クリ……73・103〜105
- バラのブーケ……74・89〜95
- ギフトボックス……75・106〜111

● 本誌に掲載の作品・折り図を複製して販売（店頭、ネットオークション等）することは禁止されています。手づくりを楽しむためにのみご利用ください。

Guidance
折りはじめる前に

折りはじめる前の基礎知識…p5
折り方記号の見方…p6
よく使う折り方・よく使う基本の形…p7〜9

折り紙はとてもシンプル。
材料は紙だけ、道具は手だけ。
折り方も、山に折るか、谷に折るかのたった2種類。
でももう少し、美しい仕上がりのために
お伝えしたいことがあります。
作品作りをはじめる前に、ちょっとこちらを見てみてください。

折りはじめる前の基礎知識

［用紙］

❶ 折り紙
お店で一番入手しやすい折り紙。大きさは15×15cmが最も多く、その他に7.5×7.5cm、24×24cmなどもあります。裏が白いものが一般的なので、裏が出ない折り方をする作品に使うことが多いです。同じ色がたくさん入ったパック（※1）は、くすだまのように何枚も同じ色が必要な作品のときに便利です。
※1：単色折り紙15×15cm　100枚入り（トーヨー）

❷ タント
折り紙よりもしっかりとしたコシのある紙。両面同色なので、裏が見える作品にも使えます。ただし、厚みがあるのでたくさん折り重ねる作品には向きません。同系色を集めたパック（写真②）や、同じ色がたくさん入ったパック（※2）もあります
※2：単色タント折り紙15×15cm　50枚入り、25×25cm　20枚入り（クラサワ）

❸ コピー用紙
折り紙よりもコシがあります。厚さはいろいろありますが、中厚口（70〜80g/㎡）がおすすめです。A4サイズのものが多いので、必要なサイズに切り出して使います。この本ではU1のくすだま（p40、42〜47）や、星のバラだま（p48〜50）に使っています。

［道具］

木工用ボンドは花とがくの接着、花束の組み立てなど、接着面が密着できない箇所に使います。ただし水分が多いため紙にシワがよりやすいので、密着できるところはスティックのりを使います。ピンセット、竹串（つまようじでも可）はユニットのカールを巻きからめるとき、花びらにカールをつけるときに使います。はさみ、またはカッター、定規、カッティングマットは用紙を必要な大きさに切り出すときに使います。

［紙の曲がりやすい向き］

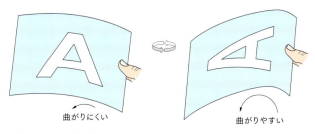

紙には曲がりやすい向きがあります。折りはじめに紙の向きに気をつけると、花芯がきれいにできます。調べ方は、紙の端を持ってみると曲がりやすい向きと曲がりにくい向きがあるのでわかります。実際に両端を持って曲げてみてもいいでしょう。わからなければどちらでも構いませんが、紙の向きに気をつけて折りはじめた方がよい作品には、折り図に向きを表記してありますので参考にしてください。

［作品の名称］

U4-4　花弁の多い華やかなバラ
作者の作品番号　ユニットの数　この本での作品名

折り方記号の見方 紙の表を色、裏を白で表現しています。

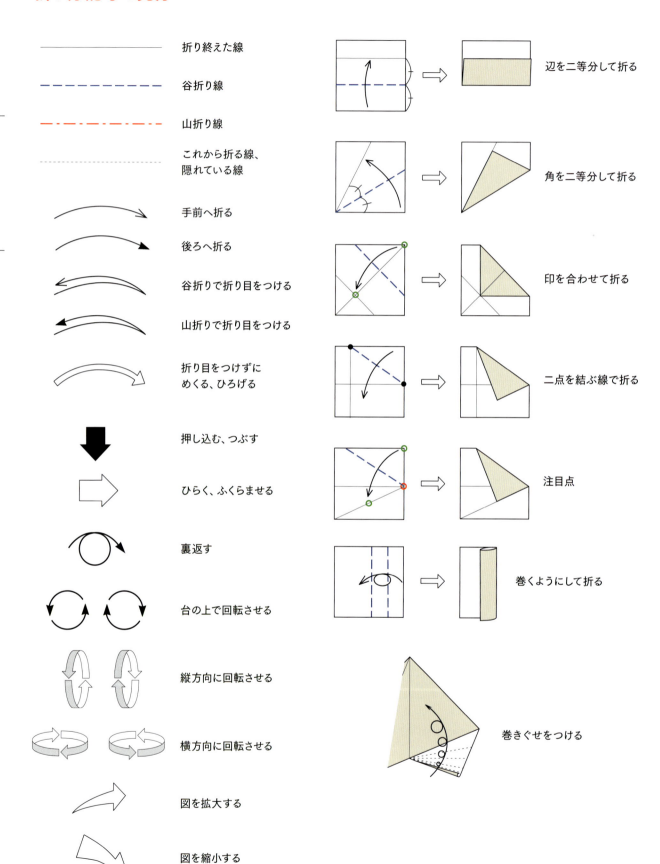

よく使う折り方

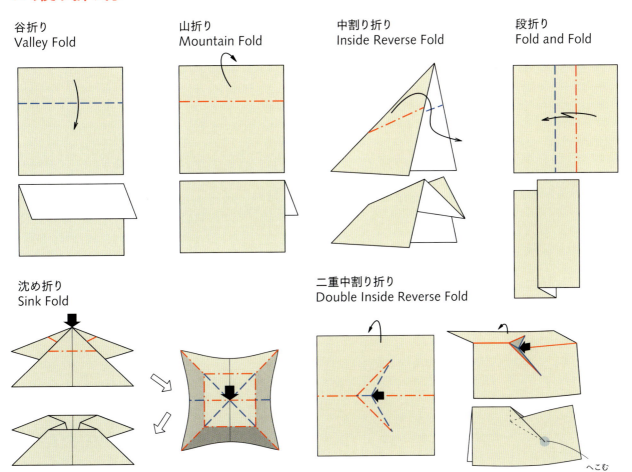

よく使う基本の形

● 正方基本形

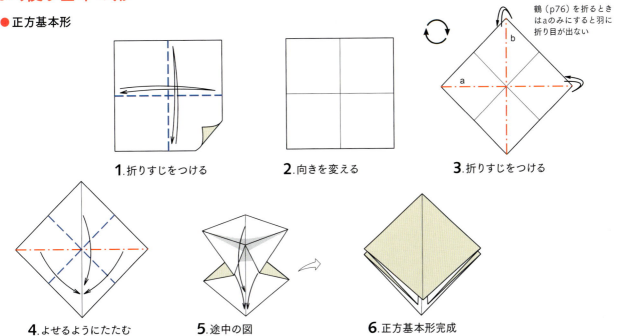

● 風船の基本形

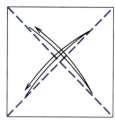 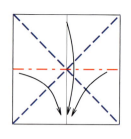 

1. 折りすじをつける　　2. 折りすじをつける　　3. よせるようにたたむ　　4. 風船の基本形完成

● ざぶとん折り（ざぶとんの基本形）

バラ、カーネーション、つばきのがくを、5cmのタント紙の代わりに7.5cmの折り紙から折る場合は、事前にざぶとん折りしておきます。

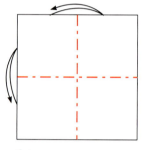 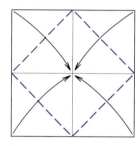 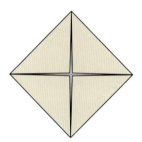

1. 折りすじをつける　　2. 中央に合わせて谷折り　　3. ざぶとん折り完成

● 鶴の基本形

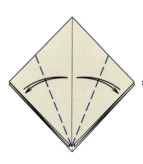 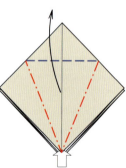 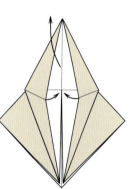  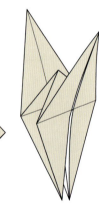

1. 正方基本形から上1枚に折りすじをつける　　2. ひろげてたたみなおす　　3. 途中の図　　4. 裏側も1〜3と同様に　　5. 鶴の基本形完成

● アヤメの基本形

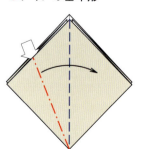  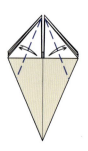  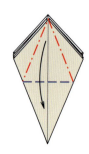

1. 正方基本形から上1枚をひらいてつぶす　　2. 他も1と同様に　　3. 上1枚に折りすじをつける 他の面も同様に　　4. 1枚送る　　5. 3の折りすじでたたみなおす

● カエルの基本形

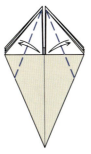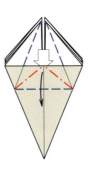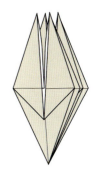

6. 折り上げる 他の面も5〜6と同様に　　7. アヤメの基本形完成　　1. アヤメの基本形3から折りすじをつける　　2. ひらいてたたみなおす 他も1〜2と同様に　　3. カエルの基本形完成

Guidance

よく使う基本の形

● 22.5°傾いた基本の形

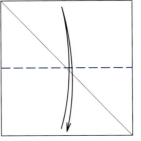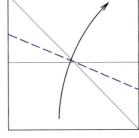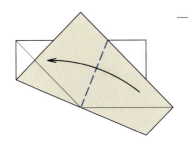

1. 折りすじをつける　　2. 折りすじをつける　　3. ななめに折る（下図参照）　　4. 半分にたたむ

3の折り方

1. 1と2の折りすじの交点（紙の中心）を軽くつまむ　　2. 2つの折りすじが重なるよう中心から左半分を折る　　3. 裏返して同様に左半分を折る

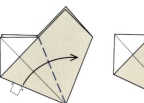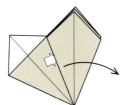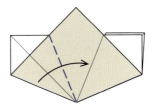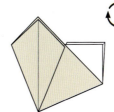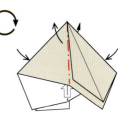

5. 上1枚をめくる　　6. ひろげる　　7. 谷折り　　8. 向きをかえる　　9. 中に指を入れ、ひらく

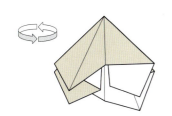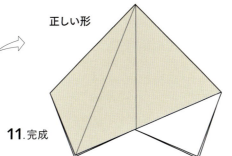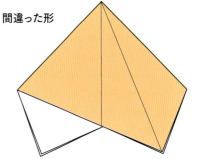

10. 途中の図 90°回転させてたたみなおす　　11. 完成　　正しい形　　間違った形

折りはじめ（手順1）の折りすじに注意。逆（右上から左下へ）に折りすじをつけると逆の形になってしまう。

9

Part 1
1枚の折り紙で作るバラ

1枚の折り紙から折り出すバラは、折り紙ならではのだいご味が味わえる作品です。
とは言っても、最初は簡単なバラからスタートするのでご安心を。
紙は切ったりせず、四角形のままで折りはじめます。

U1-1 >>>p12〜16
くすだまパーツ1つのバラ

この本で一番易しいバラです。
後に登場するくすだまのユニット1つで折れます。
まずはこのバラから折りはじめてみてください。

C1 >>>p17〜19
花芯を巻きからめるバラ1

紙の四つの角をからめて中心の花芯にするバラです。
シンプルな美しさがあり、スマートなのでテーブルフラワー（p71）など
いくつかまとめて飾るのに向いています。

C3 >>>p20〜23
花芯を巻きからめるバラ2

C1の折り方を工夫して、さらに花びらが多く見えるようにしたバラ。
シンプルな中に華やかさがあって、ブーケ（p74）にも使います。

T1 >>>p24〜29
たとう折りのバラ

筒状にした折り紙をねじるようにたたみ、多くの花弁を表現したバラ。
あらかじめ紙に折り目をしっかりとつけておき、
最後に折り目に従って一気に組み上げます。
形が現れるときは、ちょっと感動ものです。

S2 >>>p30〜39
トーラス構造のバラ

トーラス構造とは、簡単に言えばドーナツのような輪の形です。
折り紙を輪の形にして花を折り上げていく、
とても折りごたえのあるバラです。

U1-1
くすだまパーツ1つのバラ

●用紙
花＝12×12cm タント 1枚
がく＝5×5cm タント
（または7.5×7.5cm折り紙）1枚
●でき上がりサイズ
直径6.5×奥行5cm

[花]

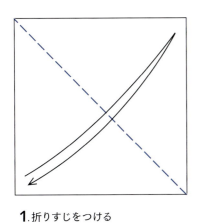

1. 折りすじをつける

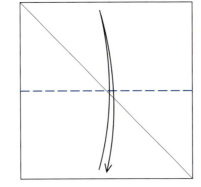

2. 折りすじをつける

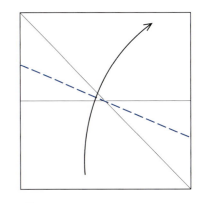

3. ななめに折る（p9「22.5°傾いた基本の形」参照）

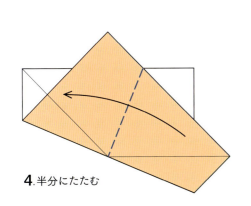

4. 半分にたたむ

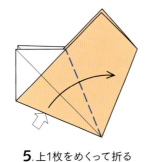

5. 上1枚をめくって折る

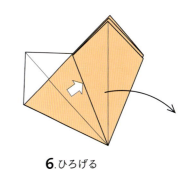

6. ひろげる

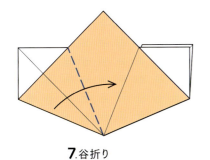

7. 谷折り

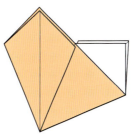

8. 向きをかえる

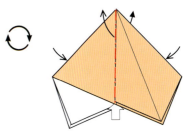

9. 中に指を入れ、ひらく

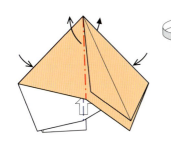

10. 途中の図

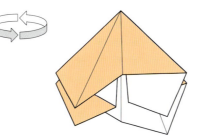

11. 90°回転させてたたむ

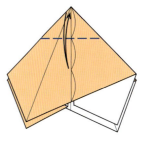

12. 上から1/3に折りすじをつける

Part 1　1枚の折り紙で作るバラ

U1-1　くすだまパーツ1つのバラ

Part 1　1枚の折り紙で作るバラ

U1-1　くすだまパーツ1つのバラ

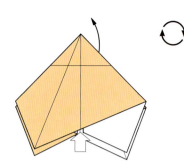

13. すべてひろげる

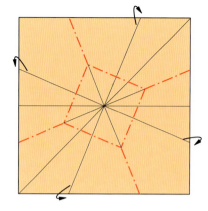

14. 折りすじをつけなおし、周辺をすぼめる

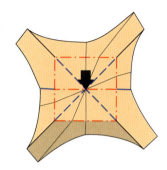

15. 中央を沈める（沈め折り）

16. 途中の図

17. 上1枚に折りすじをつける（他の3カ所も同様に）

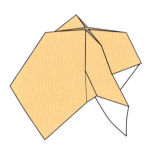

18. 羽をひろげるように立体化する

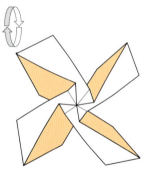

19. 下から見たところ

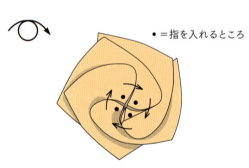

・＝指を入れるところ

20. 手のひらに載せ、花芯を4本の指でねじる

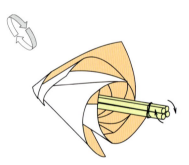

21. 20で指を入れたところに4本のつまようじを入れ、花びらの中央をからませて、強くねじる

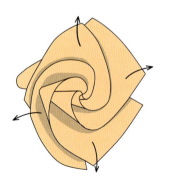

22. 少しひろげてしわを伸ばす

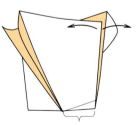

24の右上の寸法を参考に折り目をずらす

23. 花弁をひろげるように折り目をつけなおす

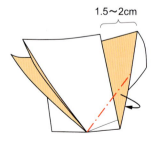

24. 山折りで中にはさみ込む。少し深めに折り込むと型崩れしにくい

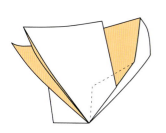 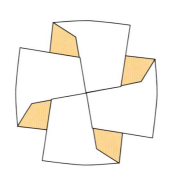 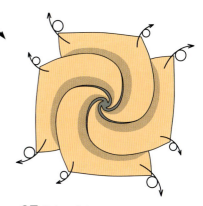

25. 他の3カ所も同様に　　**26.** 裏から見たところ　　**27.** 花弁の先をカールさせる

28. 形を整え、がく（p16）をのりづけして完成

Part 1 1枚の折り紙で作るバラ

U1-1 くすだまパーツ1つのバラ

one point technique

花びらの先を美しくカールさせるコツ

美しいバラの花には、美しい花びらのカールが欠かせません。
花のどこをどの程度巻くのかは全体のバランスを見ながらお好みで巻いてください。

花びらの端の巻き方

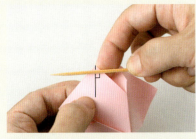 

1. 花びらの角を2等分する方向と直角に竹串を当てる。　　**2.** 竹串にしっかりと巻きつける。

ゆるいカールに仕上げたいとき
竹串にしっかりと巻きつけた後、下方向に竹串を抜いてカールをゆるめる。

きついカールに仕上げたいとき
しっかりと巻きつけた後、竹串を横に抜く。

巻き幅が少ない、または軽く曲げるとき
ピンセットが便利。くすだまなど大量にカールさせる場合もピンセットが効率的。

[がく]

Part 1 1枚の折り紙で作るバラ

U1-1 くすだまパーツ1つのバラ

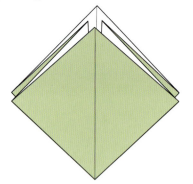
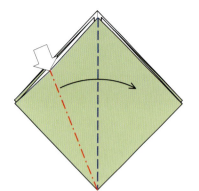
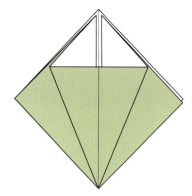

1. 正方基本形（p7）から
2. 上1枚をひらいてつぶす
3. 他も同様に

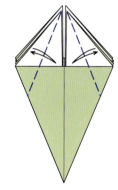
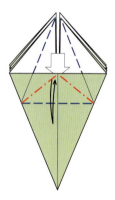
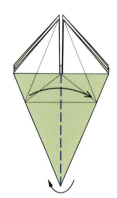
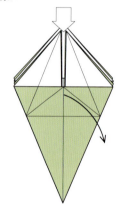

4. 折りすじをつける（裏も）
5. カエルの基本形（p9）の要領で折りすじをつける（裏も）
6. ひらきかえて4～5と同様に（裏も）
7. すべてひろげる

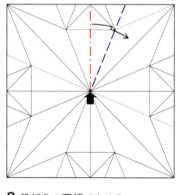
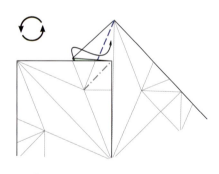
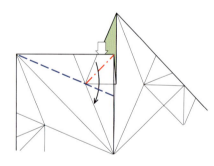

8. 段折りの要領でよせる
9. 中割り折り
10. 折り下げる

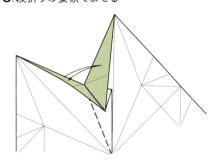
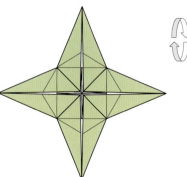

11. はさみ込むように谷折り、他も8～11と同様に
12. 形を整えて「がく」完成

C1
花芯を巻きからめるバラ1

●用紙
花＝15×15cm 折り紙 1枚
がく＝5×5cm タント
　（または7.5×7.5cm折り紙）1枚
●でき上がりサイズ
直径5.5×奥行6cm

Part 1 1枚の折り紙で作るバラ

[花]

C1 花芯を巻きからめるバラ1

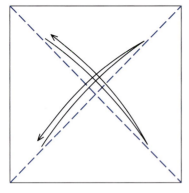

1. 折りすじをつける

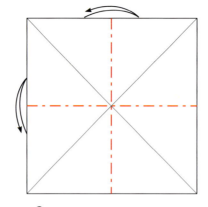

2. 折りすじをつける

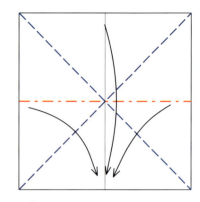

3. 風船の基本形にたたむ（p8）

4. 折りすじをつける

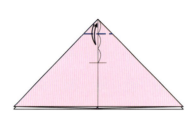

5. 折りすじをつける

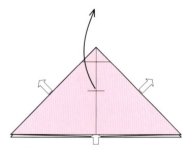

6. すべてひろげる

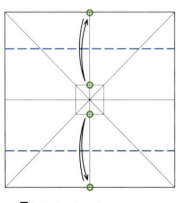

7. 折りすじをつける

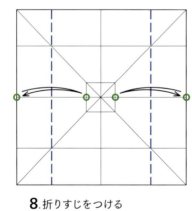

8. 折りすじをつける

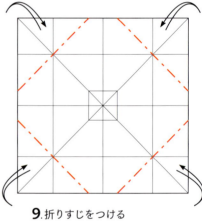

9. 折りすじをつける

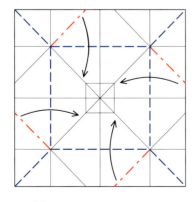

10. 風車状にたたむ

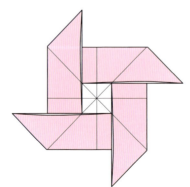

11. 裏返す

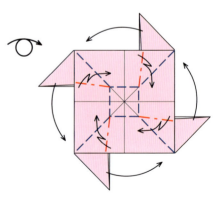

12. 13〜14を参考に周囲を立ち上げる
山折り線は14を参考に位置を決める

18

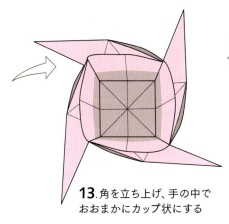

13. 角を立ち上げ、手の中でおおまかにカップ状にする

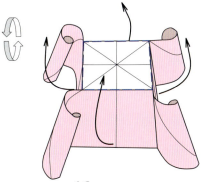

14. 図の寸法を参考に形を決め、羽に竹串などで巻きぐせをつける

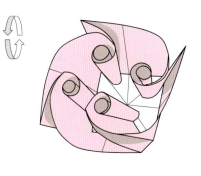

15. 裏返し、内側はしっかりと折り目をつける。外側は折らない

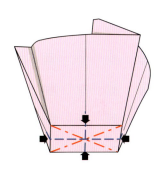

16. かぶせるようにひっくり返す

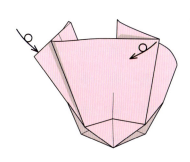

17. ひっくり返したところ

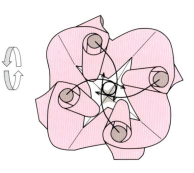

18. 底を風船の基本形の要領で軽くつぶす

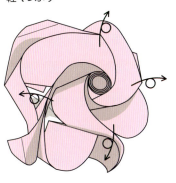

19. 角をカールさせる

20. 花弁を竹串などで1つにからみ合わせる

21. 角をカールさせる

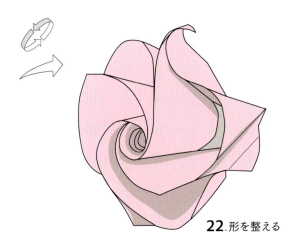

22. 形を整える

23. がく（p16）をのりづけして完成

Part 1　1枚の折り紙で作るバラ

C1　花芯を巻きからめるバラ1

C3
花芯を巻きからめるバラ2

●用紙
花＝15×15cm タント 1枚
がく＝5×5cm タント
　（または7.5×7.5cm 折り紙） 1枚
●でき上がりサイズ
直径5.5×奥行5cm

[花]

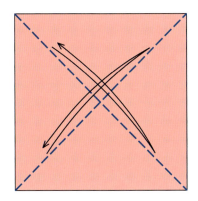

1. 折りすじをつける

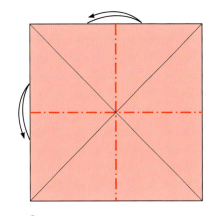

2. 折りすじをつける

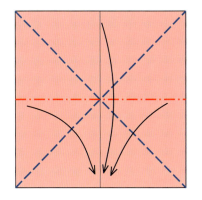

3. 風船の基本形に折る（p8）

4. 折りすじをつける

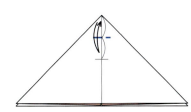

5. 折りすじをつける

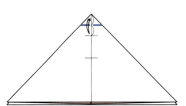

6. 折りすじをつける

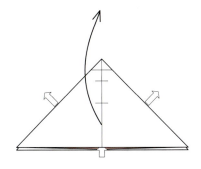

7. すべてひろげる

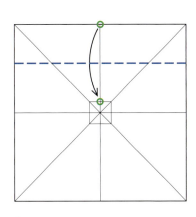

8. 谷折り

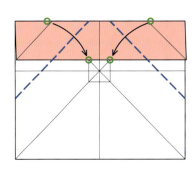

9. 谷折り

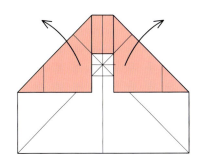

10. もどす

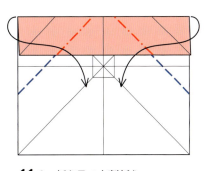

11. 9の折り目で中割折り

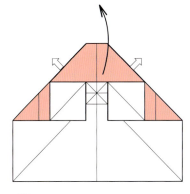

12. ひろげる

Part 1　1枚の折り紙で作るバラ

C3　花芯を巻きからめるバラ2

Part 1 1枚の折り紙で作るバラ

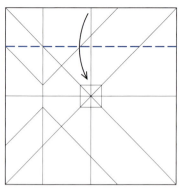

13. 向きをかえて8〜12をくり返す

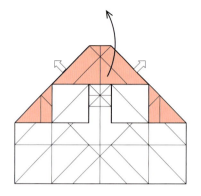

14. ひろげる

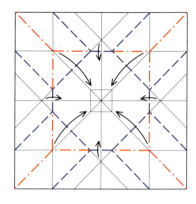

15. 中央によせるようにたたむ

C3 花芯を巻きからめるバラ2

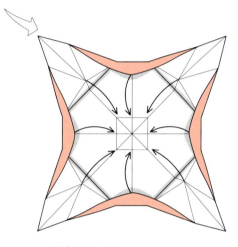

16. 途中の図

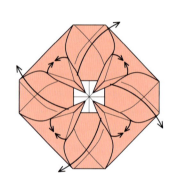

17. 羽を垂直にまとめ、風車状にたたむ

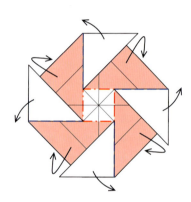

18. 中央の四角を山折りし、周囲をすぼめて立体化する

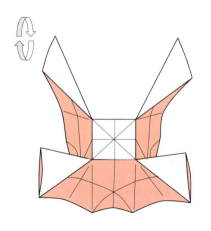

19. 立体化したところ

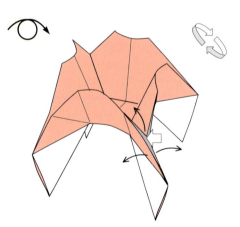

20. ひろげて五角形に整える

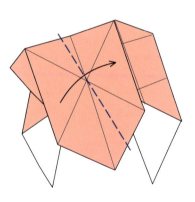

21. 中心を通る線で谷折り。折り幅は22のとおり

22

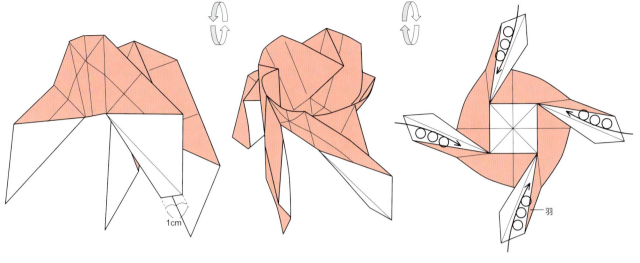

22. 他の3カ所も同様に折る

23. 4カ所すべて折ったところ

24. 4カ所の羽に竹串などで巻きぐせをつける

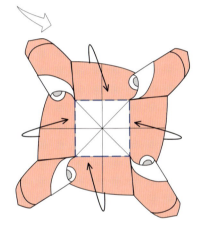

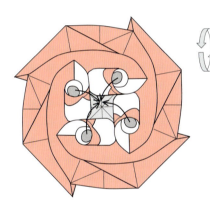

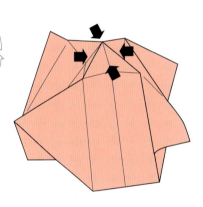

25. かぶせるようにひっくり返す

26. 羽を1つに巻きからめる

27. 底を風船の基本形の要領でとがらせる

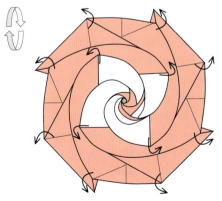

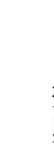

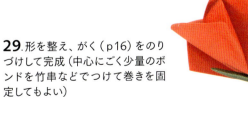

28. 中心をピンセットなどで整え、花弁の先をカールさせる

29. 形を整え、がく（p16）をのりづけして完成（中心にごく少量のボンドを竹串などでつけて巻きを固定してもよい）

Part 1　1枚の折り紙で作るバラ

C3　花芯を巻きからめるバラ2

T1
たとう折りのバラ

● 用紙
花＝24×24cm 折り紙 1枚
がく＝5×5cm タント
　（または7.5×7.5cm折り紙）1枚
● でき上がりサイズ
直径6.5×奥行4.5 cm

[花]

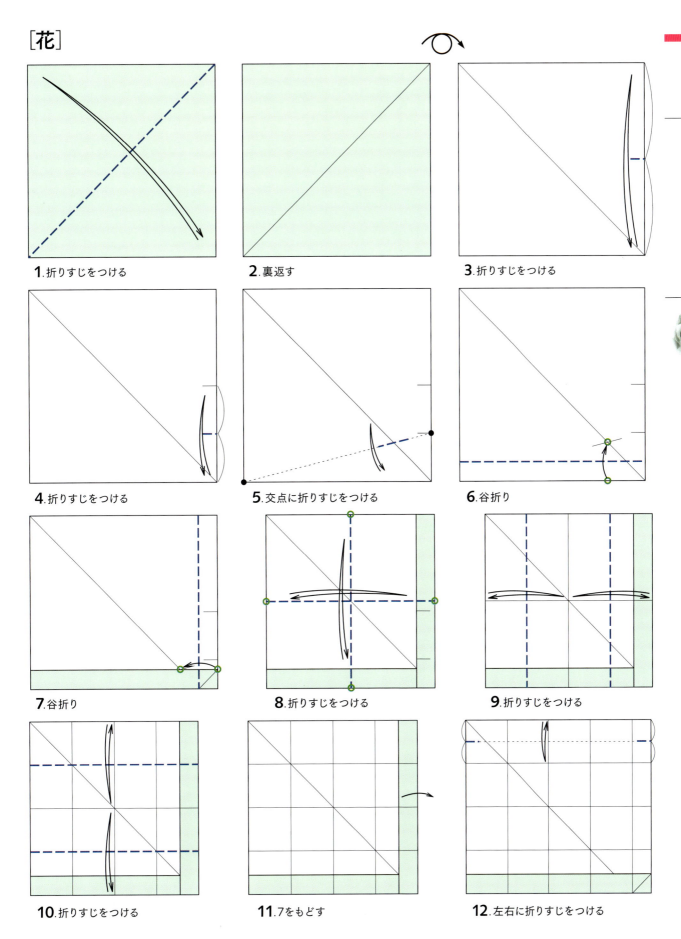

Part 1 1枚の折り紙で作るバラ

T1 たとう折りのバラ

1. 折りすじをつける
2. 裏返す
3. 折りすじをつける
4. 折りすじをつける
5. 交点に折りすじをつける
6. 谷折り
7. 谷折り
8. 折りすじをつける
9. 折りすじをつける
10. 折りすじをつける
11. 7をもどす
12. 左右に折りすじをつける

Part 1 1枚の折り紙で作るバラ

T1 たとう折りのバラ

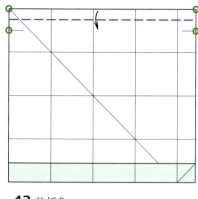
13. 谷折り

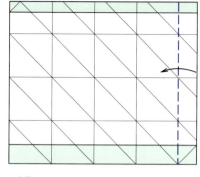
14. 格子を目安に折りすじをつける

15. 谷折り

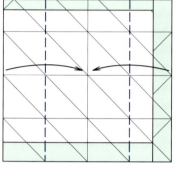
16. 中央に合わせ谷折り

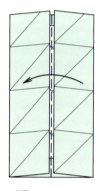
17. さらに半分にたたむ

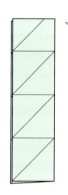

18. 重ねてしっかりと折りすじをつける

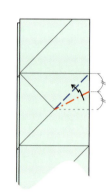
19. 段折りの要領でよせる

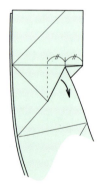
20. もどす

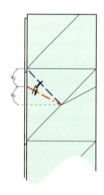
21. 18〜20の要領で同様に折る

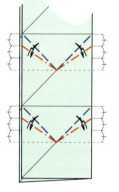
22. 18〜21の要領で同様に折る

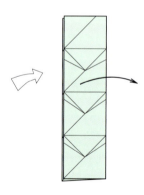
23. ひろげる（上下の折り目はひろげない）

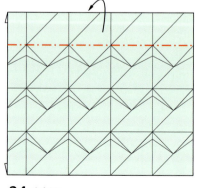
24. 山折り

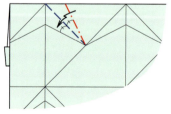
25. 段折りの要領でよせる

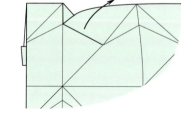
26. もどす

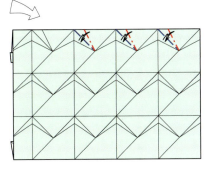
27. 25〜26の要領で同様に

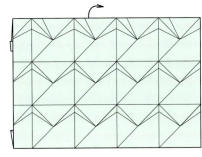
28. 上を1回もどす

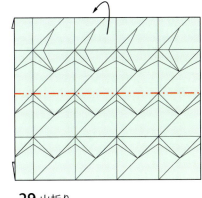
29. 山折り

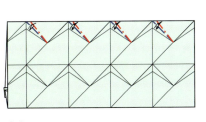
30. 27の半分の折り幅で25〜26の要領で同様に 折りすじをつける

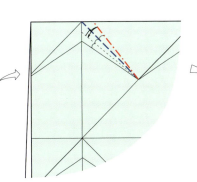
31. 部分拡大図

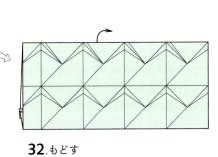
32. もどす

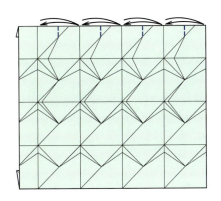
33. 折りすじをつける

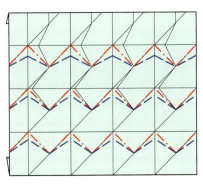
34. 折りすじをつけなおす

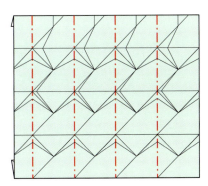
35. 山折りで筒状にする

Part 1　1枚の折り紙で作るバラ

T1　たとう折りのバラ

27

Part 1 1枚の折り紙で作るバラ

T1 たとう折りのバラ

36. 差し込んで四角柱にする
（慣れるまではのりづけするとよい）

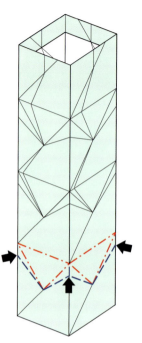

37. 角の4カ所を二重中割折り（p7参照）する

38. ねじるようにたたむ
（ねじる向きに注意）

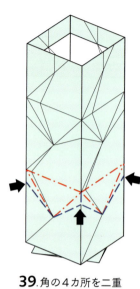

39. 角の4カ所を二重中割折りする

40. ねじるようにたたむ

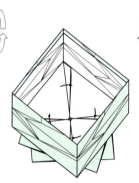

41. 中のヒダを時計まわりに倒しておく

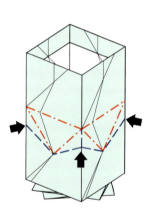

42. 角の4カ所を二重中割折りする

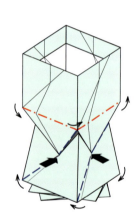

43. ねじるようにたたむ

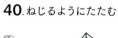
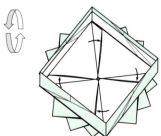

44. 中のヒダを時計まわりに倒しておく

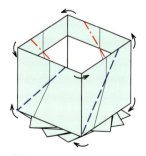

45. ねじるようにたたむ

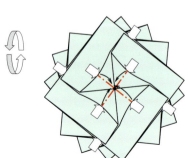

46. 花芯を中央によせ、少しねじるように整える

28

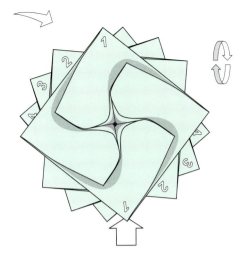
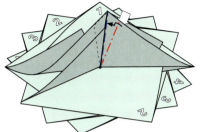
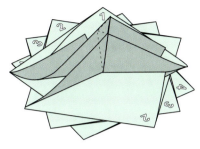

47. 1段目の花弁をめくる
（説明のため段に数字を入れています）

48. 段折りの要領でよせる

49. よせたところをポケットに入れる。他の3カ所も同様に（ポケットの向きが悪い場合は44のヒダを倒す向きを確認する）

50. 2段目も48～49と同様に折り、花芯をねじるように整える（中心にボンドをつけ、乾く前にぎゅっと中心をねじって形を固定してもよい）

51. 花弁の先をカールさせ、がく（p16）をのりづけして完成

Part 1 １枚の折り紙で作るバラ

T1 たとう折りのバラ

S2
トーラス構造のバラ

●用紙
花＝24×24cm 折り紙 1枚
がく＝7.5×7.5cm タント 1枚
●でき上がりサイズ
直径4.5×奥行6cm

[花]

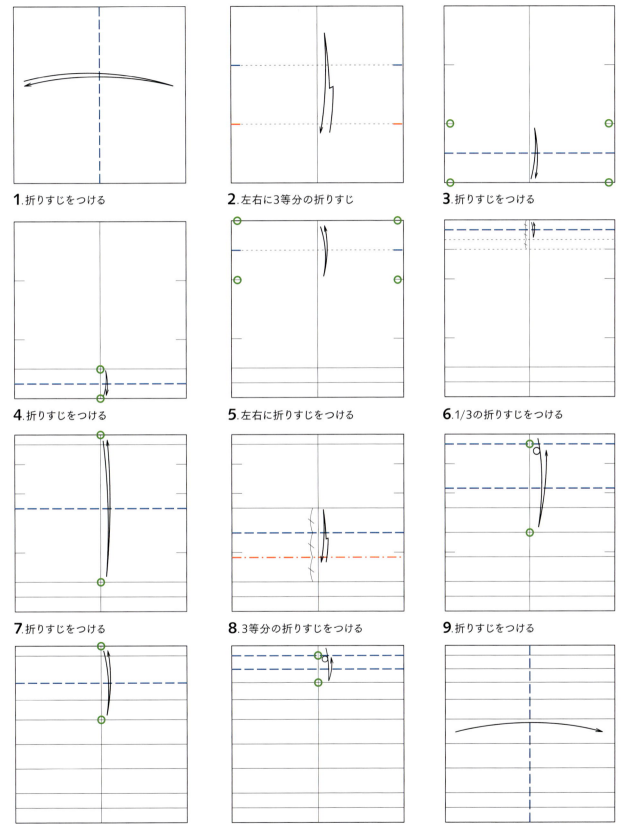

1. 折りすじをつける
2. 左右に3等分の折りすじ
3. 折りすじをつける
4. 折りすじをつける
5. 左右に折りすじをつける
6. 1/3の折りすじをつける
7. 折りすじをつける
8. 3等分の折りすじをつける
9. 折りすじをつける
10. 折りすじをつける
11. 折りすじをつける
12. 半分に折る

Part 1　1枚の折り紙で作るバラ

S2 トーラス構造のバラ

31

Part 1 1枚の折り紙で作るバラ

S2 トーラス構造のバラ

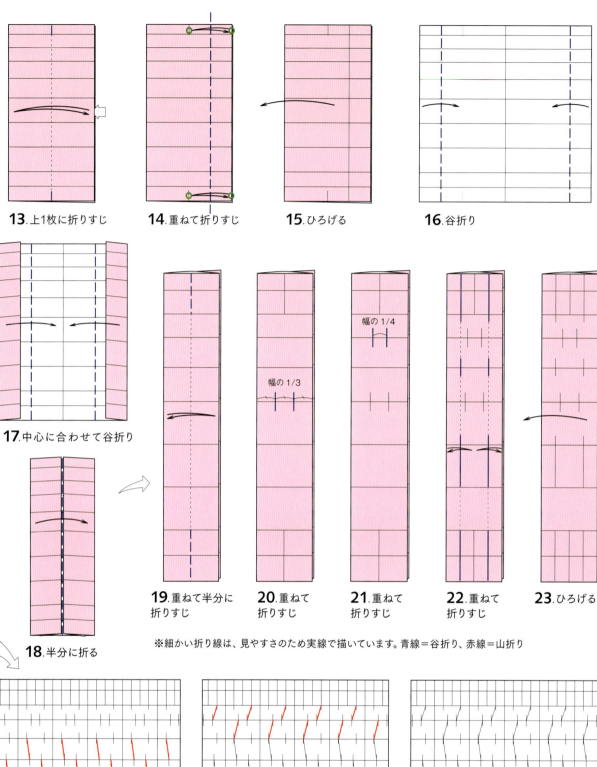

13. 上1枚に折りすじ
14. 重ねて折りすじ
15. ひろげる
16. 谷折り
17. 中心に合わせて谷折り
18. 半分に折る
19. 重ねて半分に折りすじ
20. 重ねて折りすじ
21. 重ねて折りすじ
22. 重ねて折りすじ
23. ひろげる

※細かい折り線は、見やすさのため実線で描いています。青線＝谷折り、赤線＝山折り

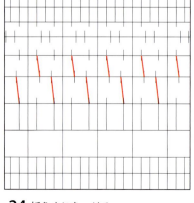

24. 折りすじをつける

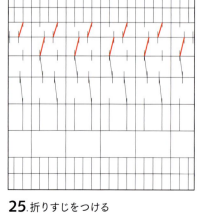

25. 折りすじをつける

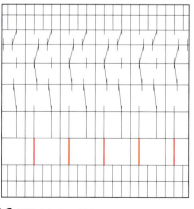

26. 折りすじをつける

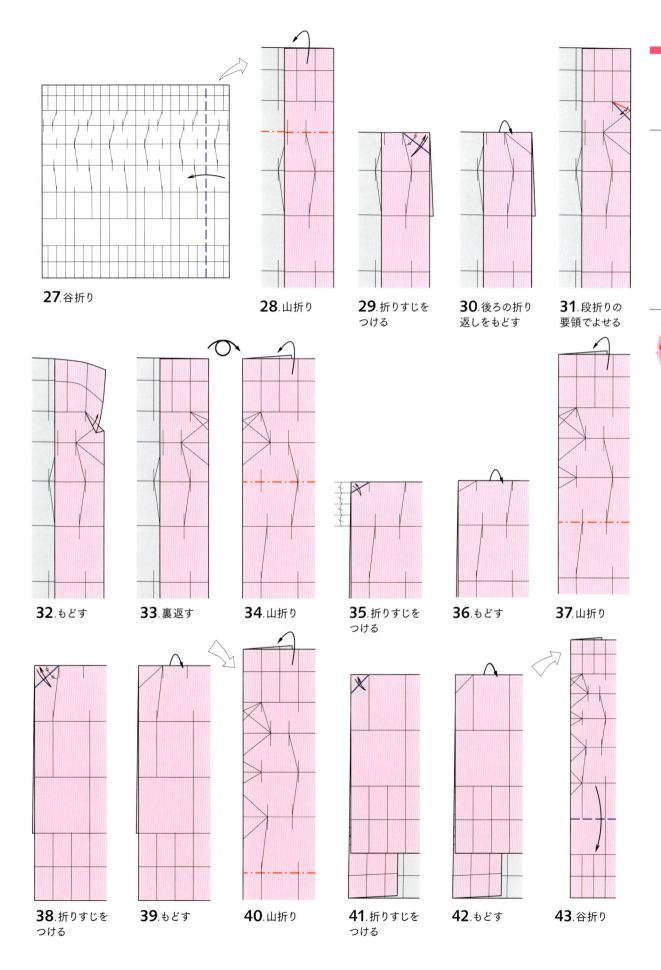

Part 1 1枚の折り紙で作るバラ

S2 トーラス構造のバラ

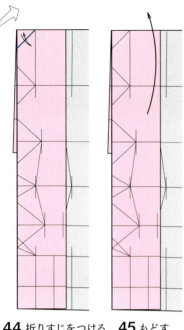
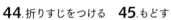

44. 折りすじをつける　45. もどす

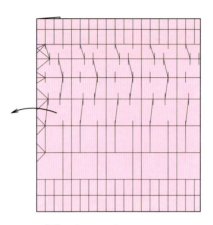

46. 全部ひろげる

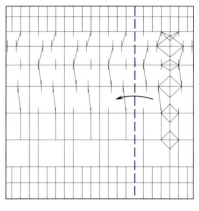

47. 谷折りして28～46と同様に順次くり返して折る

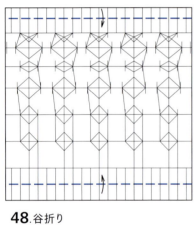

48. 谷折り

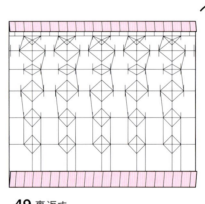

49. 裏返す

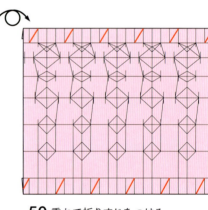

50. 重ねて折りすじをつける

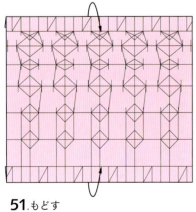

51. もどす

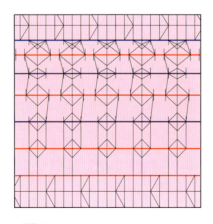

52. 折りすじをつけなおす

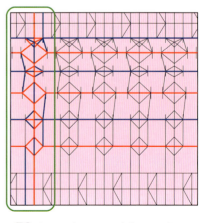

53. 左の1列をたたむ（詳しくは次のページ）

[各部のたたみ方]

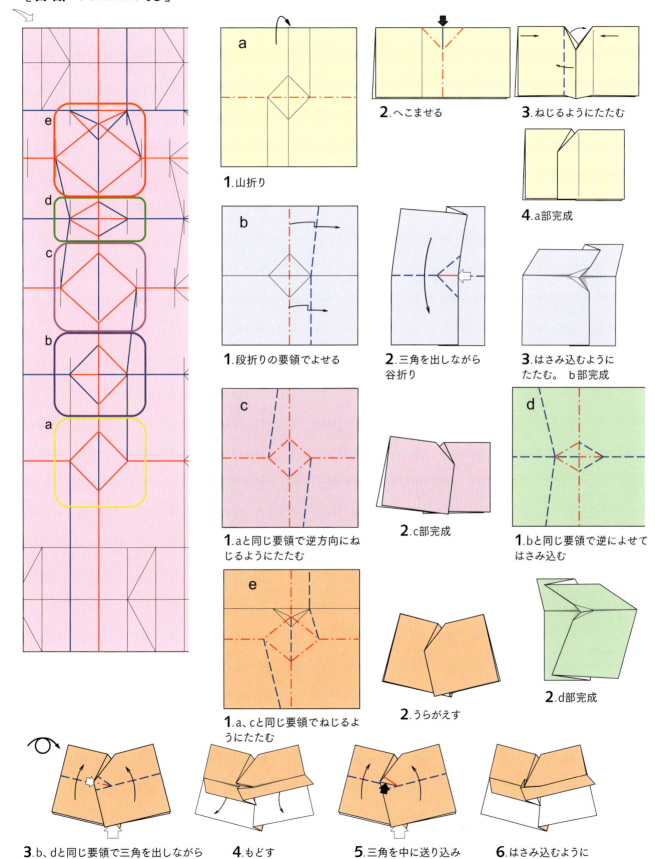

Part 1 1枚の折り紙で作るバラ

S2 トーラス構造のバラ

a
1.山折り
2.へこませる
3.ねじるようにたたむ
4.a部完成

b
1.段折りの要領でよせる
2.三角を出しながら谷折り
3.はさみ込むようにたたむ。b部完成

c
1.aと同じ要領で逆方向にねじるようにたたむ
2.c部完成

d
1.bと同じ要領で逆によせてはさみ込む
2.d部完成

e
1.a、cと同じ要領でねじるようにたたむ
2.うらがえす
3.b、dと同じ要領で三角を出しながらはさみ込むように折り上げる
4.もどす
5.三角を中に送り込みながら谷折り
6.はさみ込むようにたたんでe部完成

[組み立て]

Part 1 1枚の折り紙で作るバラ

S2 トーラス構造のバラ

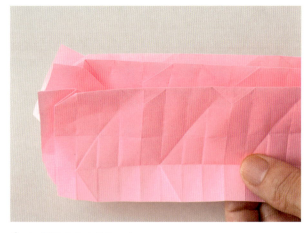

1. 左1列をたたんだところ

上から見たところ、同じ要領で残り4列をたたむ

2. 直線に整えながら下（外周）は谷折り、上（内周）は山折りする

3. 全体的に丸めぐせをつける

4. いちばん内側に、p34手順50の折り線に沿って折りすじをつけなおす

5. 端をめくっておく

6. いちばん内側のもう一方の端を差し込む

7. 差し込んだところにのりをつけて、いちばん内側をとめる

8. 内側から順に花弁を交互に差し込みながらのりでとめていく

9. のりづけしてまとめたところ

10. 底の内側の花弁を4の折りすじに従って時計まわりにたたみながらよせる

11. 軽くねじりながら中へ押し込む

12. 折りすじに沿って底をたたむ

13. 底を閉じたところ

14. 花弁の先をピンセットでカールさせて整える

[五角のがく]

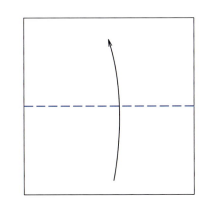
1. 半分に折る

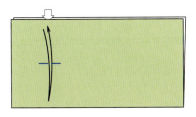
2. 上1枚に折りすじをつける

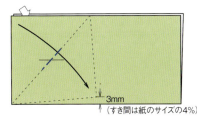
3. 少しすき間をあけて、交点に折りすじをつける
（すき間は紙のサイズの4%）

4. もどす

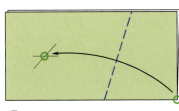
5. 交点に合わせて谷折り

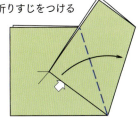
6. 谷折り

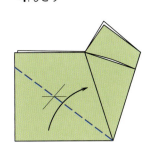
7. 谷折り

8. 山折り

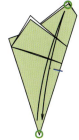
9. 折りすじをつける

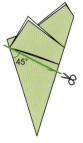
10. 切る

11. ひろげる

Part 1　1枚の折り紙で作るバラ

S2　トーラス構造のバラ

Part 1 1枚の折り紙で作るバラ

S2 トーラス構造のバラ

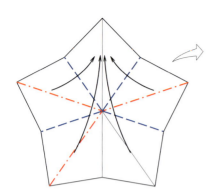
12. よせるようにたたむ

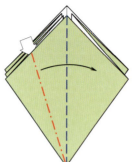
13. ページをひらいてつぶす

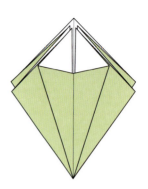
14. 他のページも13と同様に

15. 折りすじをつける

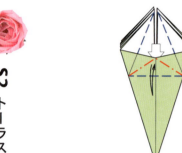
16. カエルの基本形 (p9) の要領で折りすじをつける 他も15～16と同様に

17. すべてひろげる

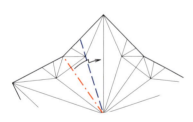
18. 段折り (p7) の要領でよせる

19. 中割り折り (p7)

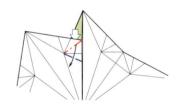
20. 折り下げる

21. しっかりとはさみ込むように折りすじをつける。他も18～21と同様に

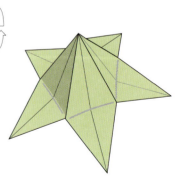
22. がくの完成

[組み立て]

がくを花にのりづけし、形を整えて完成

column

●トーラス構造って？

　トーラスとは、ある形を軸のまわりにぐるっと回転させてできる円環状の物体のことです。例えば、丸い形を少し離れた軸の周りで回転させるとドーナツの形になります（図1）。こんな円環状のトーラス構造を折り紙に適用して1枚の折り紙で作ってみたのが、トーラス構造のバラです。

　このバラは、四角い折り紙を一番外側の花弁から屏風状にたたんで各段の花弁を表現します。これをぐるっと丸めて端をつないで円環状のバラを作っちゃおうというのが今回の作戦です。ただの円環というか、ツルンとした筒ではバラになりませんので、複数枚の独立した花弁に見えるよう、5ヵ所にいわゆる花弁増しの技法を用いて五角構造のバラを実現しています（図2）。また、この花弁増しを変化させることで内周にゆくほど直径が小さくなるよう工夫しています（図3）。紙を五角形に切り出す必要がないのも優れた点だと思います。ちなみに、裏面が出ないので、裏の白い普通の折り紙で折ることができます。

　1枚の折り紙で、花弁枚数の多いバラを作ることはとても難しいですが、「たとう折りのバラ」（p24）や、今回の「トーラス構造のバラ」など、新しい構造の採用やさまざまな工夫により、まだまだ可能性がひろがってゆくように思います。

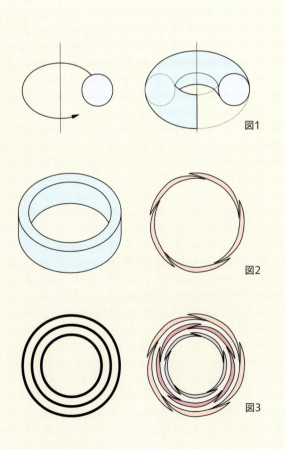

Part 1　1枚の折り紙で作るバラ

S2 トーラス構造のバラ

Part 2
ユニット構成のバラとくすだま

折り紙でユニットをあらかじめ必要な数を作っておき、それを組み合わせてバラやくすだまを作ります。
バラは1枚で折るよりもより易しく作ることができ、
くすだまは組み上げていくうちにコロンとした玉が現れて、作品にとても愛着がわいてきます。

U1-12 U1-24 U1-30
基本ユニットのくすだま

U1-1 くすだまパーツ1つのバラの折り方を少し変えて、基本のユニットを作ります。
それを12個、24個、30個でくすだまに組み上げます。
ユニットの数が違うだけで全く違うくすだまになるのが面白いところです。

U1-12 >>>p42〜45
基本ユニット12個のくすだま

U1-24 >>>p42〜45
基本ユニット24個のくすだま

U1-30 >>>p42〜43、46〜47
基本ユニット30個のくすだま

U1-20 >>>p48〜50
星のバラ玉
くすだまの基本ユニットの折り方を少し変えるとツノができます。
それをくみ上げると星のような（金平糖のような？）くすだまになります。

U4-4 >>>p52〜58
花弁の多い華やかなバラ
全体的に華やかな雰囲気があり、花びらのカールが上品です。
ぽってりと丸いフォルムが魅力のバラです。

U4-30 >>>p59〜61
薔薇のくすだま
U4のユニットを30個組み合わせたくすだま、
著者イチ押しの豪華なくすだまです。

U7L-4 U7L-5 U7W-4 >>>p62〜67
切り込みを入れて折るバラ
紙の形をあらかじめ工夫し、それに切り目を入れて折りはじめるバラです。
組み合わせるユニットの数や、最初の紙の形によって花びらの枚数がさまざまに変化する、幾何学的な面白さがある作品です。

U7L-4 >>>p63〜65
長方形の紙4枚で作るバラ

U7L-5 >>>p63〜65
長方形の紙5枚で作るバラ

U7W-4 >>>p66〜67
正方形の紙4枚で作るバラ

U1-12.U1-24.U1-30

基本ユニットのくすだま

U1-1 くすだまパーツ1つのバラ（p12）の折り方を少し変えた基本ユニットを組み合わせてくすだまを作ります。
基本ユニットは「22.5°傾いた基本の形」（p9）から作ります。

Part 2 ユニット構成のバラとくすだま

U1 基本ユニットのくすだま

[基本ユニット]

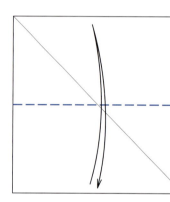

1. 折りすじをつける

2. 折りすじをつける

3. ななめに折る（p9「22.5°傾いた基本の形」3参照）

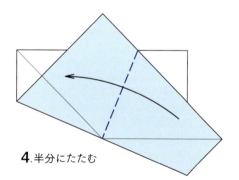

4. 半分にたたむ

5. 上1枚をめくる

6. ひろげる

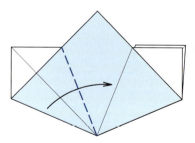

7. 谷折り

8. 向きをかえる

9. 中に指を入れてひろげる

10. 途中の図

42

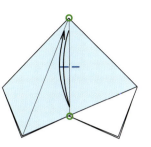
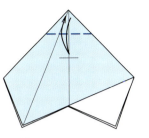

11. 10を90°回転させてたたみなおす

12. 折りすじをつける

13. 折りすじをつける

14. 中に沈める（p7「沈め折り」参照）

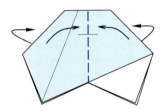
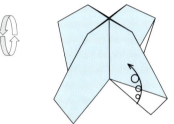
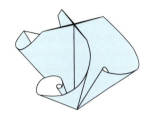

15. 羽をひろげるように均等にひらく

16. 羽に巻きぐせをつける（「巻きぐせのつけ方」参照）

17. 基本ユニット完成　これを必要な個数（12、24、30）作る

one point technique

●巻きぐせのつけ方

竹串などを使って端から巻いていきます。
正しく巻くと、その後のくすだまが組みやすくなりますし、美しい作品に仕上げることができます。

正しい巻き方

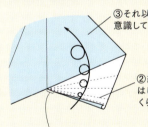

③それ以降は完成した花弁を意識して徐々にゆるく巻く

②紙が1枚の部分（または巻きはじめの30°程度）は直径1mmくらいをめざしてきつく巻く

①中心から少しあけて巻きはじめる

よくない巻き方

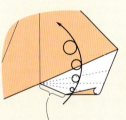
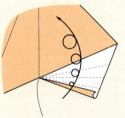

たくさんあけるとほどけやすくなります

すきまをあけないと竹串で巻きからめる際に竹串の先端が出せず（下のpoint写真参照）組みにくくなります

●ユニットの組み方　組む場所によって組み方を使い分けます。

[A：重ねて巻きなおす] くすだまの組みはじめはこの方法で

1. いったん巻きをほどいてきっちり重ねる

2. 端からしっかり巻き直す

[B：竹串で巻きからめる] 中心のときはこの方法で

巻きの中心をできるだけ近くによせ、竹串で巻きからめる（2本使ってもよい）

竹串の先端がユニットからわずかに出るまで奥に差し込んで巻く（差し込みが甘いと上だけがからみ、きちんと巻けない）

Part 2　ユニット構成のバラとくすだま

U1　基本ユニットのくすだま

U1-12
基本ユニット12個のくすだま

●用紙
10×10cm コピー用紙 12枚
（A4サイズのコピー用紙から切り出す
場合は9.9×9.9cmでも可）
●でき上がりサイズ
直径10cm

U1-24
基本ユニット24個のくすだま

●用紙
10×10cm コピー用紙 24枚
（A4サイズのコピー用紙から切り出す
場合は9.9×9.9cmでも可）
●でき上がりサイズ
直径10cm

［船形の6個組の組み立て］

U1-12、U1-24は基本ユニット6個からなる船形の6個組を
2個または4個組み合わせて作ります。

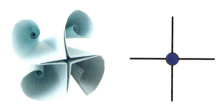

ユニットの模式図

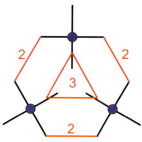

▶赤線はこれから巻きからめるところ
　赤数字は巻きからめる羽の数

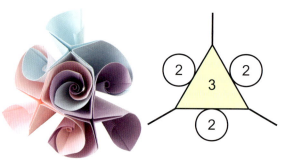

1. 3個を組む（わかりやすいようにユニットの色を変えています）

2. 3個組完成（丸数字は巻かれている羽の枚数を示す。色囲みの数字は組み終えたところ）

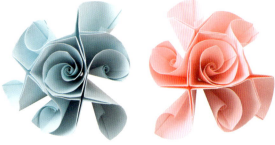

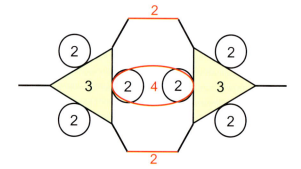

3. 3個組を2個組む

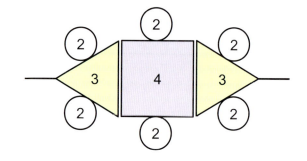

4. 船形の6個組完成

[U1-12 組み立て]
船形の6個組を2個合わせて球状に組み立てる

[U1-24 組み立て]
船形の6個組を4個合わせて球状に組み立てる

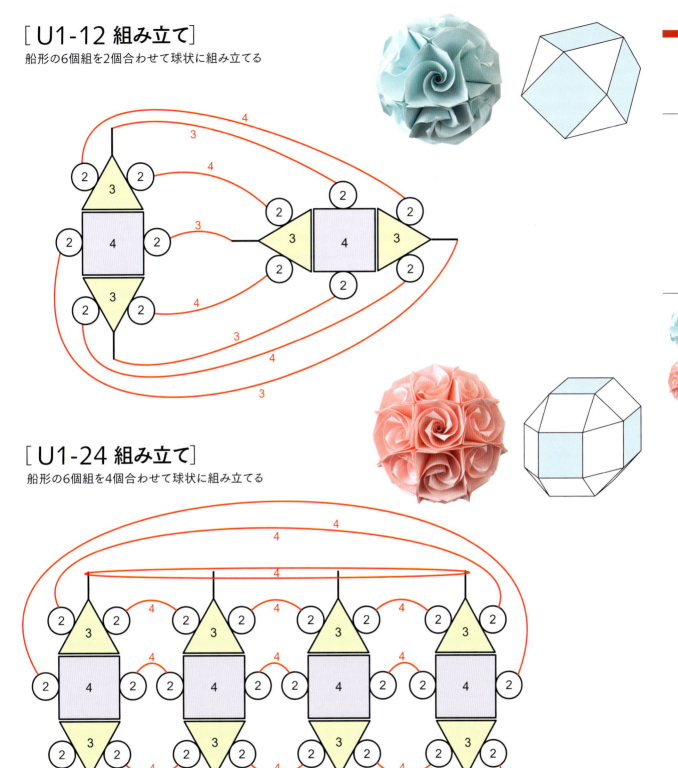

[U1-12 U1-24 仕上げ]
花芯の巻きをピンセットで整え、全体の花弁のバランスを調整する。花弁の先をカールさせて完成

Part 2 ユニット構成のバラとくすだま

U1-12 U1-24 基本ユニット12個・24個のくすだま

45

U1-30
基本ユニット30個のくすだま

●用紙
10×10cm コピー用紙 30枚
（A4サイズのコピー用紙から切り出す場合は9.9×9.9cmでも可）

●でき上がりサイズ
直径10cm

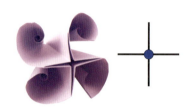

ユニットの模式図

▶赤線はこれから巻きからめるところ
赤数字は巻きからめる羽の数

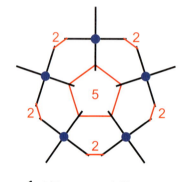

1. 5個のユニットを組む

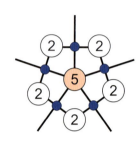

2. 組んだところ（丸数字は巻かれている羽の枚数を示す。色囲みの数字は組み終わったところ）

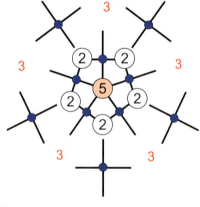

3. 手順2で組んだものに5個のユニットを追加（計10個を組む）

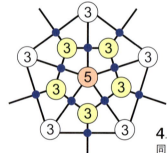

4. 10個組の完成
同じものをもう1組作っておく

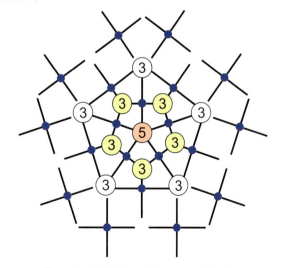

5. 一方の10個組に10個のユニットを追加

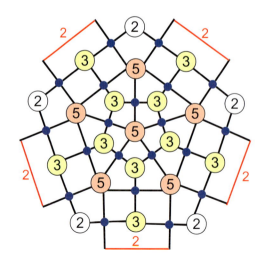

6. 2枚の羽をからませる（5カ所）

[組み立て・仕上げ]

10個組と20個組を合わせて球状に組み立てる

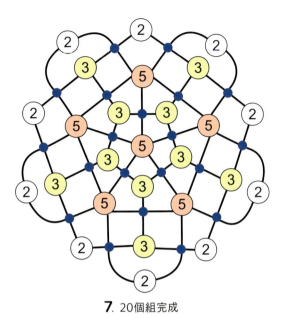

7. 20個組完成

9. 花芯の巻きをピンセットで整え、全体のバランスを調整する。最後に花弁の先をカールさせて完成

8. 手順4の10個組と手順7の20個組を組み合わせて球状にする

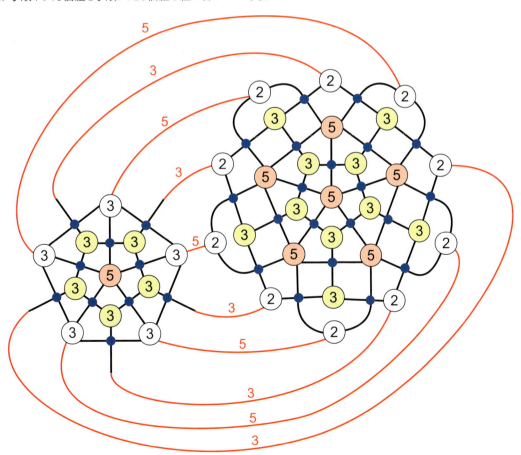

Part 2 ユニット構成のバラとくすだま

U1-30 基本ユニット30個のくすだま

●用紙
10×10cm コピー用紙 20枚
●でき上がりサイズ
直径11cm

U1-20
星のバラ玉

紙の向き

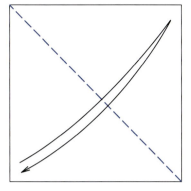
折りはじめの向き

▶p42基本ユニットの10から

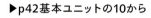

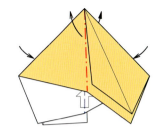

1. 中に指を入れ、ひらいてつぶすようにたたむ

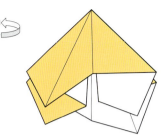

2. 1を90°回転させてたたみなおす

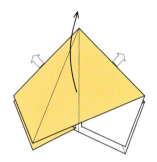

3. 全部ひろげる

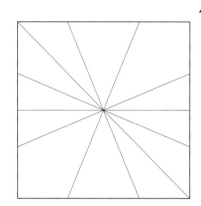

4. 裏返す

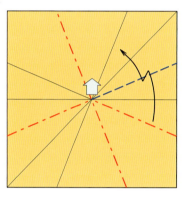

5. 中央をふくらませるように段折りの要領でよせる

Part 2 ユニット構成のバラとくすだま

U1-20 星のバラ玉

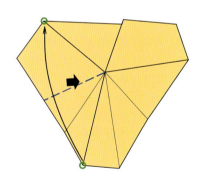

6. 平らにたたむ

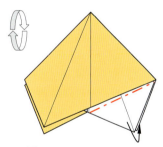

7. 裏のポケットに折り込む

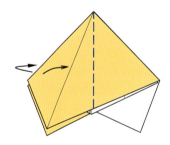

8. 3枚を等間隔にひろげる

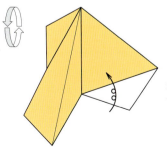

9. 巻きぐせをつける（p43）

紙の曲がりやすい向きに合わせて折ると、3枚の羽のうち2枚は巻きぐせがつけやすくなる

10. ユニットの完成

49

[組み立て・仕上げ]

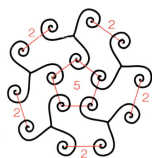
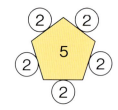

ユニットの模式図

▶赤線はこれから巻きからめるところ
赤数字は巻きからめる羽の数

▶丸数字は巻かれている羽の枚数を示す　中央の囲み数字（5）は組み終わったところ

1. ユニットを5個組む（まず2個と3個で組み、それを合わせると組みやすい）

巻きからめる5枚の羽のうち、2〜3枚は2枚重ねの厚い羽になる。なるべく厚い羽を分散させて組むと完成時のゆがみを少なくできる

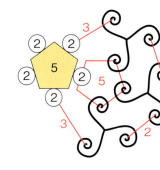
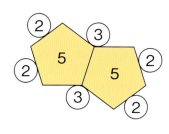

2. 手順1で組んだものにユニットを3個追加

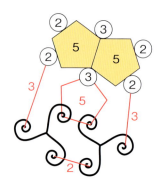
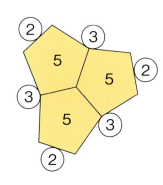

3. 手順2で組んだものにユニットを2個追加。もう1組同じものを作る

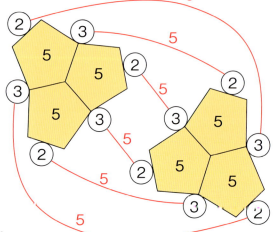

4. 手順3で組んだものを2つ組み合わせ、球状に組み立てる。
中心の巻きをピンセットで整え、全体のバランスを調整する。最後に花弁の先をカールさせて完成

Column

くすだまの構造と多面体

これまでご紹介したくすだまは、どれも多面体に似た構造をしています。
ユニットを組んでいると三角形や四角形などに見える面ができることにお気づきだと思います。
ユニット3枚の羽をからめた面は三角形に、4枚の面は四角形に、5枚の面は五角形に見える面ができます。
組むときはそれぞれ対応する多面体の特徴を意識すると、もっとわかりやすく組むことができるでしょう。

U1-12 立方8面体

正方形が6面、正三角形が8面の計14面でできています。四角のとなりは三角、三角のとなりは四角が並び、四角どうし、三角どうしが並び合うことはありません。

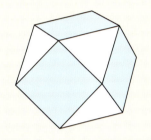 

U1-24 斜方立方8面体

正方形が18面、正三角形が8面の計26面でできています。三角のとなりにはかならず四角が並び、四角どうしは帯状にならんでいます。

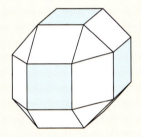 

U1-30 20・12面体

正五角形が12面、正三角形が20面の計32面でできています。五角のとなりは三角、三角のとなりは五角が並び、五角どうし、三角どうしが並び合うことはありません。

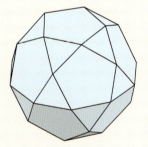 

U1-20（星のバラ玉）正12面体

12面の正五角形がとなりどうしに並び合ってできています。次のページでご紹介する「薔薇のくすだま」も正12面体の構造をしています。

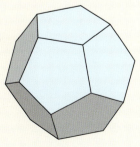 

Part 2　ユニット構成のバラとくすだま　くすだまの構造と多面体

U4-4.U4-30
花弁の多い華やかなバラ　薔薇のくすだま

U4-30（くすだま）

●用紙
12.5×12.5cm タント 30枚
●でき上がりサイズ
直径11cm

U4-4（バラ）

●用紙
花
12.5×12.5cm タント 4枚
がく
12.5×12.5cm タント 1枚
●でき上がりサイズ
直径8.5×奥行7.5cm

U4-4

U4-30

Part 2 ユニット構成のバラとくすだま

U4-4 U4-30 バラ・くすだま共通のユニット

[バラ・くすだま 共通のユニット]

紙の向き

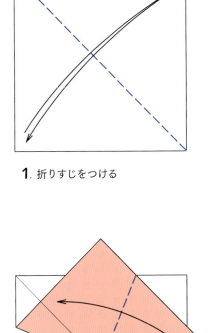

1. 折りすじをつける

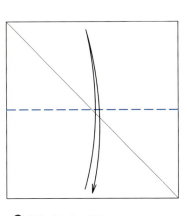

2. 折りすじをつける

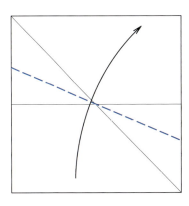

3. ななめに折る（p9「22.5°傾いた基本の形」3参照）

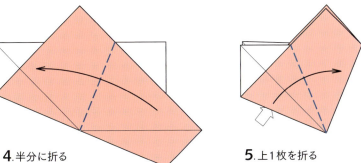

4. 半分に折る

5. 上1枚を折る

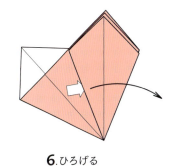

6. ひろげる

53

Part 2 ユニット構成のバラとくすだま

U4-4 U4-30 バラ・くすだま共通のユニット

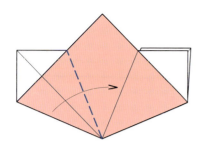

7. 谷折り

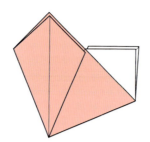

8. 向きをかえる

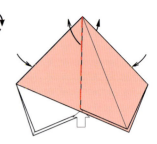

9. 中に指を入れてひろげる

10. 途中の図

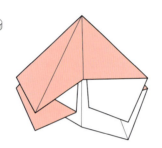

11. 10を90°回転させてたたみなおす

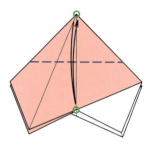

12. 折りすじをつける

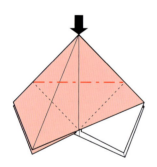

13. 中に沈める（p7「沈め折り」参照）

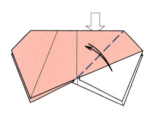

14. 中をひろげ、折り下げるようにして上1枚に折りすじをつける（裏も）

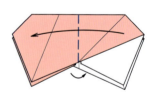

15. 1ページ送る（裏も）

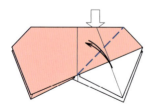

16. 中をひろげ、折り下げるようにして上1枚に折りすじをつける（裏も）

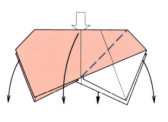

17. 14、16の折り目でひろげる

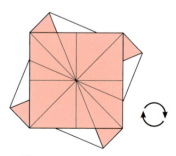

18. 回転して向きをかえる

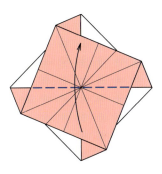
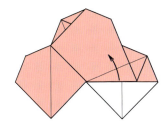
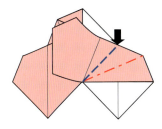

19. 裏の羽を出しながら上1枚を折る

20. 折り目を伸ばすように引き上げる

21. 中に沈める（p7「二重中割り折り」参照）

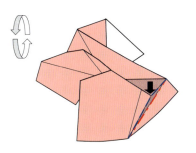
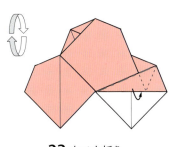
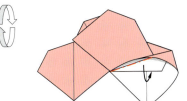

22. 途中の図（上から見たところ）

23. 中で山折り

24. 途中の図（やや下から見た図）

U4-4 U4-30 バラ・くすだま共通のユニット

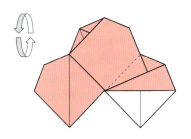

25. 裏面も20〜24と同様に
▶ここまでがバラ、くすだま共通の折り方
くすだまの折り方の続きはp59

［バラのユニットの折り方］

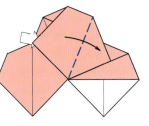
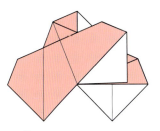

1. 25から1枚めくる

2. 裏返す

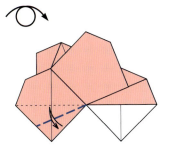
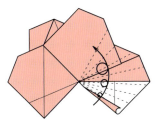
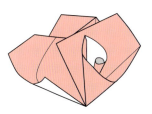

3. 折りすじをつける

4. 巻きぐせをつける（巻きぐせのつけ方p43参照）

5. 完成。4個作る

55

［がく］

Part 2 ユニット構成のバラとくすだま

U4-4 花弁の多い華やかなバラ

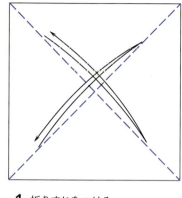
1. 折りすじをつける

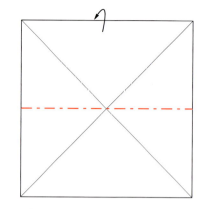
2. 山折り

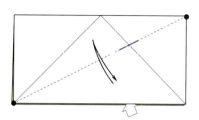
3. 1枚めくって交点に折りすじをつける

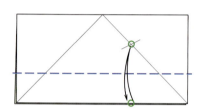
4. 重ねて折り、折りすじをつける

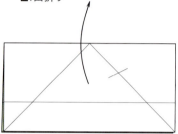
5. ひろげる

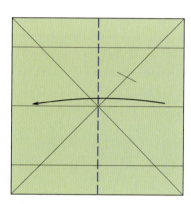
6. 谷折り

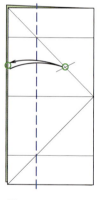
7. 重ねて折りすじをつける

8. ひろげる

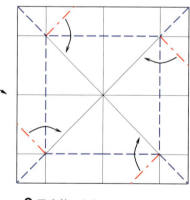
9. 風車状にたたむ

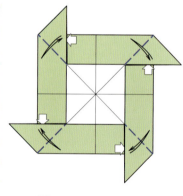
10. 折りすじをつける

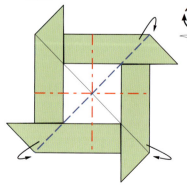
11. よせるようにたたむ

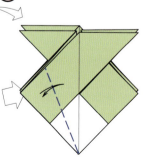
12. 上1枚に折りすじ

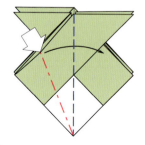
13. ひらいてつぶすようにたたむ

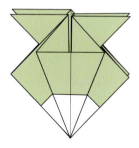
14. 他3カ所も12～13と同様に

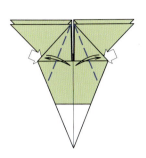
15. 上1枚に折りすじをつける

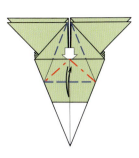
16. カエルの基本形（p9）の要領で折りすじをつける　他も15〜16と同様に

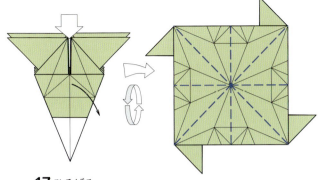
17. ひろげる

18. 折りすじをつけなおす

Part 2 ユニット構成のバラとくすだま

U4-4 花弁の多い華やかなバラ

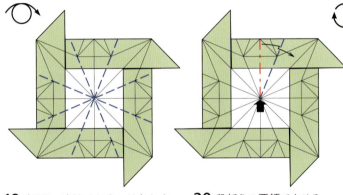
19. 裏返して折りすじをつけなおす

20. 段折りの要領でよせる

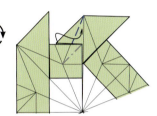
21. 中割り折り（p7）

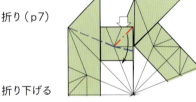
22. 折り下げる

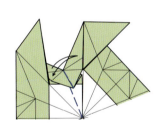
23. はさみ込むように谷折り　他も20〜23と同様に

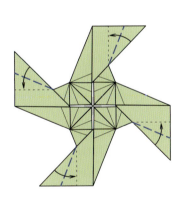
24. 平行なすき間をあけて4カ所谷折りする

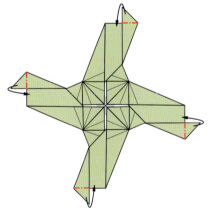
25. 山折りして先をはさみ込む

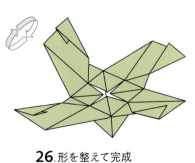
26. 形を整えて完成

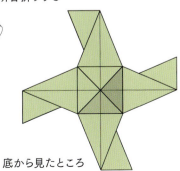
底から見たところ

57

［組み立て］

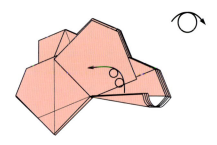

1. p55の5（バラのユニット）を4枚重ねて巻く（巻きはじめはきつくしっかりと巻く）

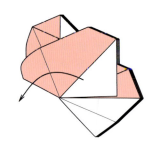

2. 裏返して1枚まわしずらす

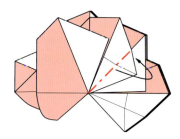

3. 山折りで下のユニットに差し込む

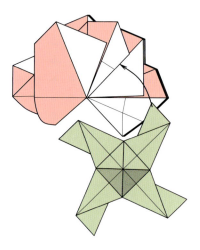

4. がくの爪を差し込む

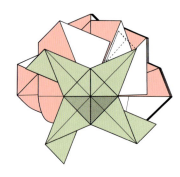

5. 爪の先を中に差し掛ける

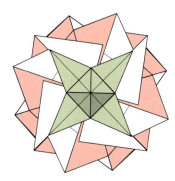

6. 順次まわしずらしてがくを差し込んで止める

7. 花弁の先をカールさせ、形を整えて完成

花の中心がほどけて外れる場合には、1の巻きはじめが重ねてしっかりと巻けているか確認。わずかなゆるみならば完成後にピンセットで巻きを補正してもよい

Part 2　ユニット構成のバラとくすだま

U4-4　花弁の多い華やかなバラ

[U4-30 くすだまの折り方]

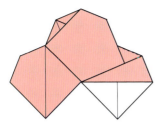

1. 「共通のユニット」の25から

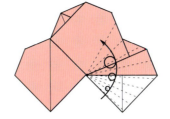

2. 巻きぐせをつける（p43参照）

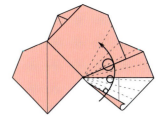

3. 途中の図

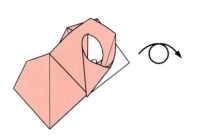

4. 裏返す

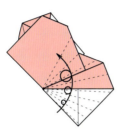

5. 2〜3と同様に巻きぐせをつける

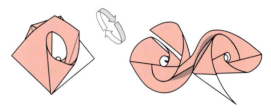

6. ユニット完成。30個作る

Part 2 ユニット構成のバラとくすだま

U4-30 薔薇のくすだま

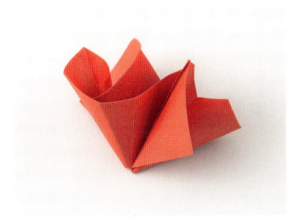

横から見たところ

上から見たところ

[組み立て・仕上げ]

Part 2 ユニット構成のバラとくすだま

U4-30 薔薇のくすだま

ユニットの模式図

×2

中心のユニットを1つ決めてクリップをつけておくと、組む際の目安になって便利。複数のユニットに重ねてつけてしまわないよう注意

1. ユニットを5個組む
同じものをもう1組作っておく

▶赤丸はこれから巻きからめるところ
赤数字は巻きからめる羽の数

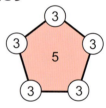

▶丸数字は巻かれている羽の枚数を示す。色囲みの数字は組み終えたところ

5角組の模式図

2. 手順1で組んだものの周囲に5個のユニットを追加して計10個のユニットを組む（5角組）

×5

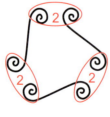

3角組の模式図

3. ユニットを3個組む（3角組）
同じものを5個作る

●ユニットを組むときの注意

良い例　　　悪い例

ユニットのポケットの中に、隣のユニットの一部（羽）が入り込まないように注意（右写真）。羽の張りが互いの間隔をあけ、形を保つ役目をしています。

60

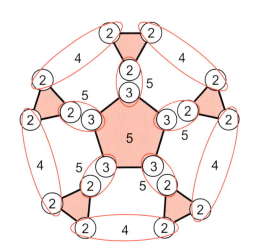

4. 手順2の5角組に手順3の3角組5個を組み合わせる

手順4以降は複雑になるので、部品は最初にすべて準備しておき、一気に組み上げるとよいでしょう。ユニットははじめから1つずつしっかりと組み合わせず、まずは軽くからめて仮止めし、全体の形を作ってから最後に1つずつからめていくとよいでしょう

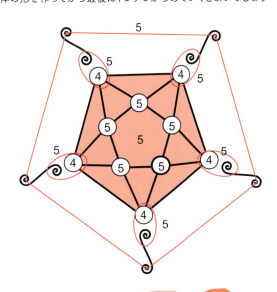

5. 手順4で組んだものと残ったユニット（手順1で5個組んだもの）を組んで球状にする

7. 全体のバランスを整え、花弁の先をカールさせて完成

6. 花芯の巻きをピンセットで整える

Part 2 ユニット構成のバラとくすだま

U4-30 薔薇のくすだま

U7L-4.U7L-5 U7W-4

切り込みを入れて折るバラ

U7L-4.U7L-5

●用紙
花＝15×5cm タント 4枚（U7L-5は5枚）
がく＝7.5×7.5cm タント 1枚
●でき上がりサイズ
U7L-4　直径8.5×奥行6.5cm
U7L-5　直径10×奥行6cm

U7W-4

●用紙
花＝10×10cm タント 4枚
がく＝7.5×7.5cm タント 1枚
●でき上がりサイズ
直径9×奥行7cm

[U7L-4、U7L-5共通の花]

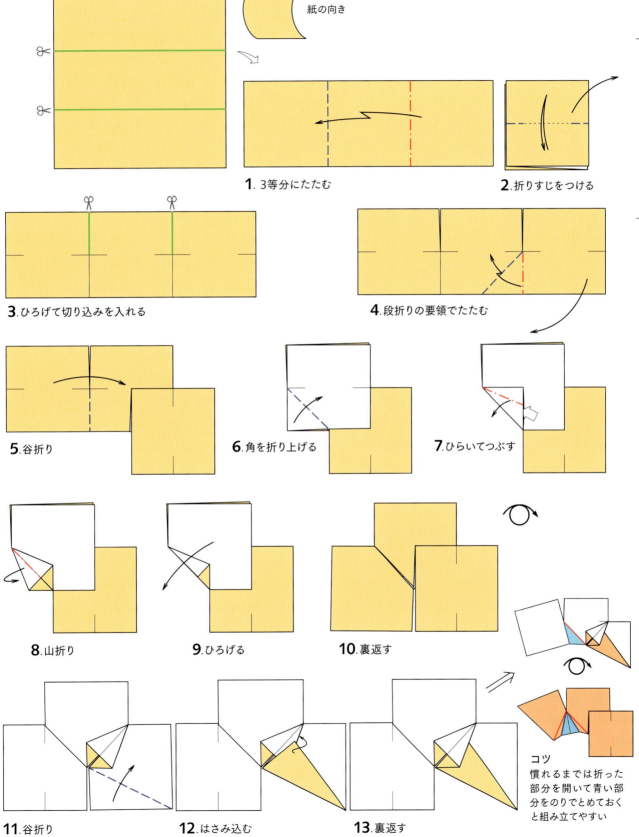

1. 3等分にたたむ
2. 折りすじをつける
3. ひろげて切り込みを入れる
4. 段折りの要領でたたむ
5. 谷折り
6. 角を折り上げる
7. ひらいてつぶす
8. 山折り
9. ひろげる
10. 裏返す
11. 谷折り
12. はさみ込む
13. 裏返す

紙の向き

コツ
慣れるまでは折った部分を開いて青い部分をのりでとめておくと組み立てやすい

Part 2 ユニット構成のバラとくすだま

U7L-4 U7L-5 切り込みを入れて折るバラ

Part 2 ユニット構成のバラとくすだま

U7L-4 U7L-5 切り込みを入れて折るバラ

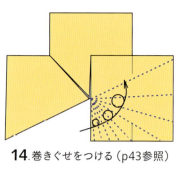
14. 巻きぐせをつける（p43参照）

15. 途中の図

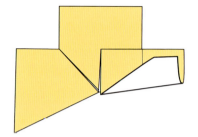
16. ユニットの完成。4個作る

[がく]

1. 鶴の基本形（p8）から

2. 羽を折り下げる

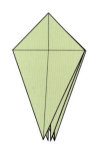
3. 向きをかえる

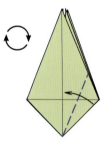
4. 谷折り（裏も）

5. 一枚送る

6. 谷折り（裏も）

7. 羽を四方にひらき立体にする

8. 形を整えて完成

[組み立て]

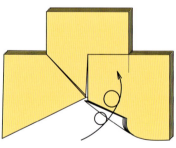
1. ユニットを4個重ねて巻く（巻きはじめはしっかりと巻く）

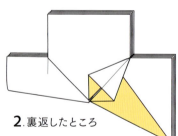

2. 裏返したところ

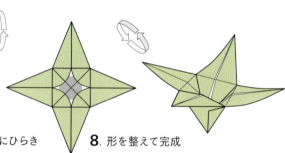
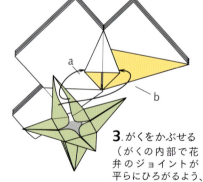
3. がくをかぶせる（がくの内部で花弁のジョイントが平らにひろがるよう、接続した部分をしっかりと平らにつぶしておくと、花弁がはずれにくくなる）

4. 上1枚をまわしずらす（実際の組み立てでは、写真のように花を手前にし、がくを後ろからあてて組み立てると作業がしやすい）

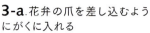
3-a. 花弁の爪を差し込むようにがくに入れる

3-b. がくの折り目を少しひらき、花弁の爪にかぶせる

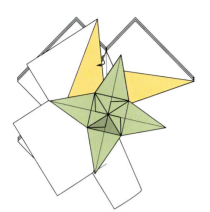
5. 下の接続部を出す

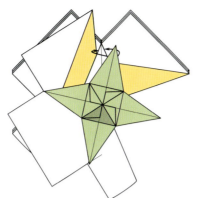
6. 3の要領でがくをかぶせる

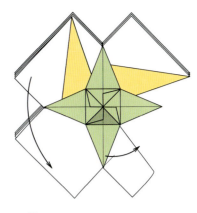
7. 4〜6の要領で花びらをずらしながらがくをかぶせる

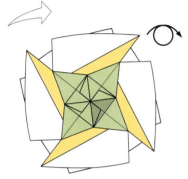
8. 裏返す

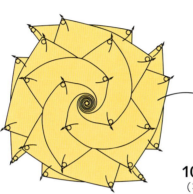
9. 花弁の先をカールさせる

10. 形を整えて完成
（花の中心がほどけて外れる場合には、手順1の巻きはじめが重ねてしっかり巻けているか確認する）

［U7L-5 のがく］

U7L-5は、ユニット5個で作ります（組み立てはU7L-4と同じ）。がくは5枚羽になります。

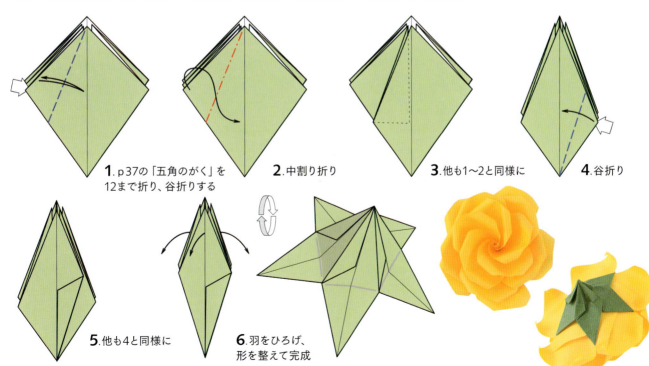

1. p37の「五角のがく」を12まで折り、谷折りする
2. 中割り折り
3. 他も1〜2と同様に
4. 谷折り
5. 他も4と同様に
6. 羽をひろげ、形を整えて完成

Part 2 ユニット構成のバラとくすだま

U7L-4 U7L-5 切り込みを入れて折るバラ

[U7W-4の花]

※がくの折り方と、花とがくの組み立て方はU7L-4（p64〜65）と同じ

Part 2 ユニット構成のバラとくすだま

U7W-4 切り込みを入れて折るバラ

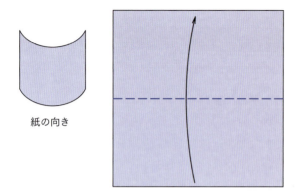

1. 半分に折る

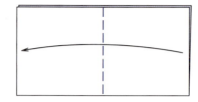

2. 半分にたたむ

3. 折りすじをつける

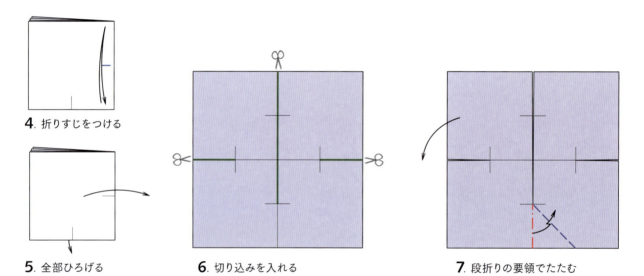

4. 折りすじをつける

5. 全部ひろげる

6. 切り込みを入れる

7. 段折りの要領でたたむ

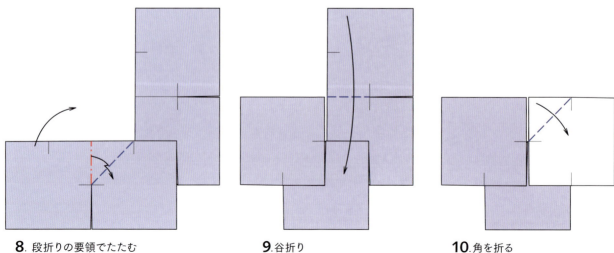

8. 段折りの要領でたたむ

9. 谷折り

10. 角を折る

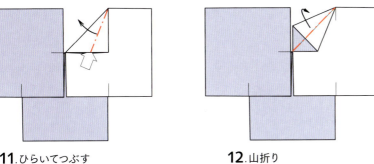

11. ひらいてつぶす　　12. 山折り　　13. ひろげる

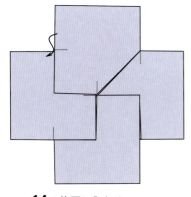 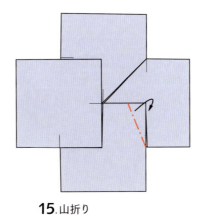 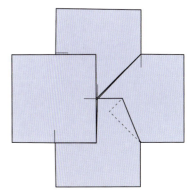

14. 1枚下に入れる　　15. 山折り　　16. 裏返す

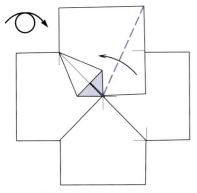 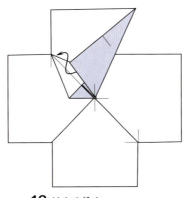 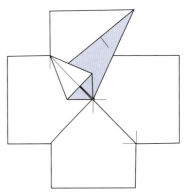

17. 谷折り　　18. はさみ込む　　19. 裏返す

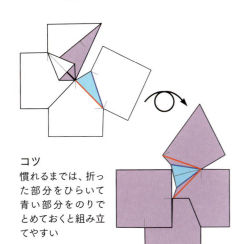 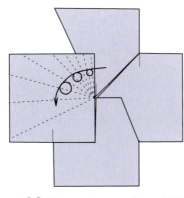 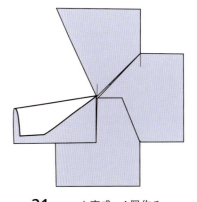

コツ
慣れるまでは、折った部分をひらいて青い部分をのりでとめておくと組み立てやすい

20. 巻きぐせをつける（p43参照）　　21. ユニット完成。4個作る

22. U7L-4（p64〜65）と同じ要領でがく（p64）に組み込んで完成

Part 2　ユニット構成のバラとくすだま

U7W-4　切り込みを入れて折るバラ

Part 3
季節の花とバラの小もの

バラをたくさん折ったら、そろそろ息抜きをしましょう。季節の花とバラの小ものはいかがですか？
つばき、カーネーション、ヒマワリ、クリまで…。せっかく折ったお花は生活の中で使いたいですよね。
そんな時にはぜひ、こちらを参考にしてみてください。もっともっと折り紙を愉しむヒントをご紹介します。

鶴のお正月飾り

折り鶴の羽をバラのがくの代わりにしたお正月飾り。バラはU7L-4切り込みを入れて折るバラを使用。
作り方／p63（バラ） p76（その他）

つばき

1枚の折り紙から折るつばき、花芯の紙を中央に貼っていっしょに折り上げます。
作り方／p80

カーネーションとブーケ
細かくプリーツを折ってボリュームを出したカーネーション。ユリと合わせてブーケに。
作り方/p85

バラのテーブルフラワー

C1 花芯を巻きからめるバラ1をこんもりと盛り合わせました。細身のバラならではのアレンジメント。
作り方／p17（バラ）、p96（その他）

ぼうしとヒマワリ

ヒマワリは花びらの形や花芯の大きさを工夫すれば、コスモスやマーガレットにもなります。
作り方／p98（ヒマワリ）　p100（ぼうし）

クリ

クリのイガはカーネーションの応用。折り紙の自然な光沢はクリの実の艶感にぴったり。
作り方／p103

バラのブーケ

深みのある赤いC3 花芯を巻きからめるバラ2のブーケ。大人っぽい表情のバラもまた素敵です。
作り方／p20（バラ）、P89（その他）

ギフトボックス

色違いが楽しいU7L/W-4 切り込みを入れて折るバラのギフトボックス。花びらのボリュームの違いも楽しんで。
作り方／p62（バラ）、P106（ギフトボックス）

鶴のお正月飾り / p68

●用紙
鶴＝15×15cm 折り紙 4枚、ジョイント＝9×9cm 折り紙 1枚、バラ＝12×4cm タント 4枚
台＝21×21cm コピー用紙 1枚、飾り紙（大）＝12×12cm 折り紙 1枚 飾り紙（小）＝11.4×11.4cm 折り紙 1枚

●でき上がりサイズ
縦10×横10×高さ9cm

準備：U7L-4（p63～64）のユニットを指定の大きさで4個作っておく

[鶴]

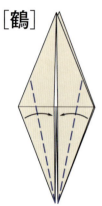
1. 鶴の基本形（p8）から折る
上1枚の端を中心に合わせて折る

2. 裏返す

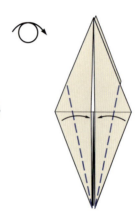
3. 上1枚の端を中心に合わせて折る

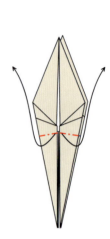
4. 中割り折り

5. 中割り折り

6. 羽をひろげて完成

[ジョイント]

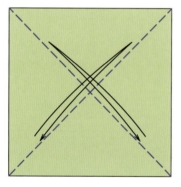
1. 折りすじをつける

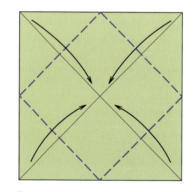
2. ざぶとん折りをする（p8とは1の折りすじ、紙の表裏が異なる折り方）

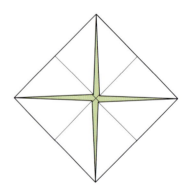
3. 裏返す

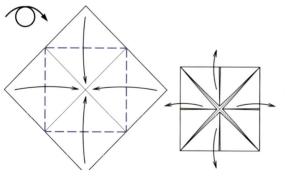
4. ざぶとん折りをする　5. 全部ひろげる

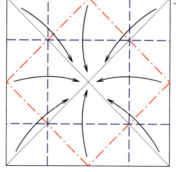
6. よせるようにたたむ

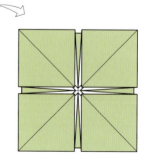
7. ジョイント完成

[組み立て]

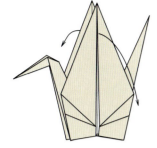

1. 鶴の羽をひろげる

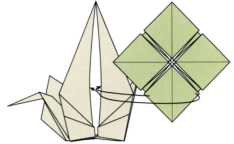

2. 羽の裏にジョイントを
はめ込み下にずらす

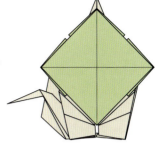

3. 裏返す

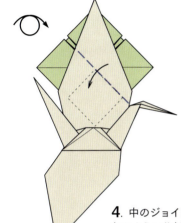

4. 中のジョイントを
包むように谷折り

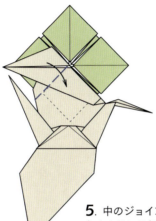

5. 中のジョイントを
包むように谷折り

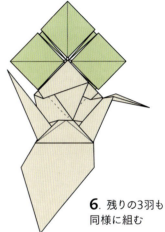

6. 残りの3羽も
同様に組む

7. 5の折り目を戻して組む

8. バラのユニットをはめ込む

Part 3　季節の花とバラの小もの

鶴のお正月飾り

77

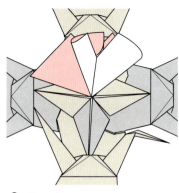

9. 他の3個のユニットもはめ込む

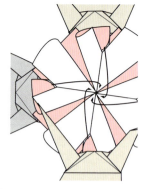

10. 4つのバラユニットを中央によせるようにずらし、花弁の巻きを中央で1つにからめる。中心をピンセットで丁寧に巻きなおす

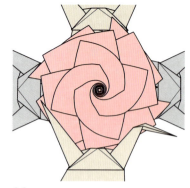

11. 花弁の先をカールさせ、全体の形を整えたら完成

[台]

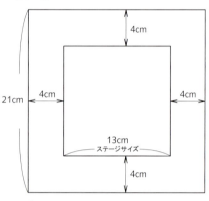

1. 鶴とバラの載るスペースを鉛筆などで描いておく

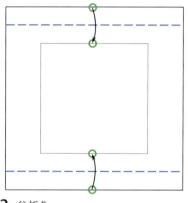

2. 谷折り

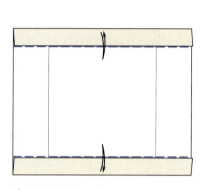

3. 折りすじをつける

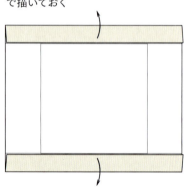

4. もどす

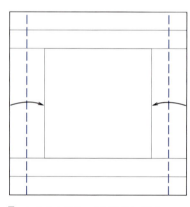

5. 向きをかえ2〜4と同様に折る

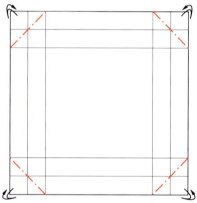

6. 山折りで折りすじをつける

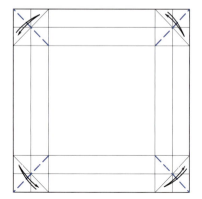

7. 折りすじをつける

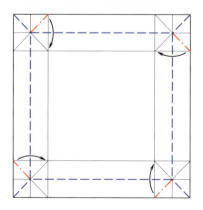

8. 風車状にたたむ

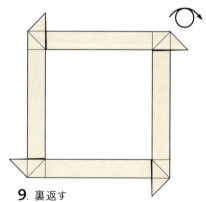

9. 裏返す

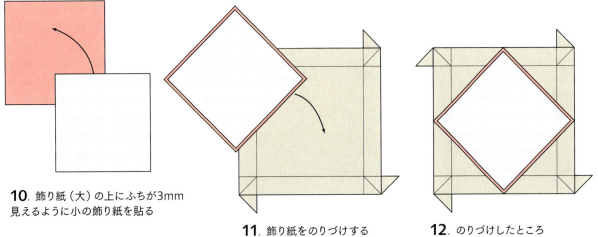

10. 飾り紙（大）の上にふちが3mm見えるように小の飾り紙を貼る

11. 飾り紙をのりづけする

12. のりづけしたところ

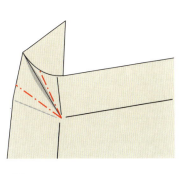

13. 羽をつまむようにして立体にする

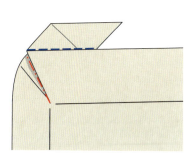

14. 紙の端とふちが平行になるところ（図15）で折り目をつける 反対側にも同様に折り目をつける

15. はみ出た部分をふちにはさみ込むように折る

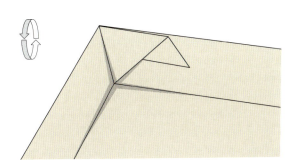

16. 内側に軽くのりづけ

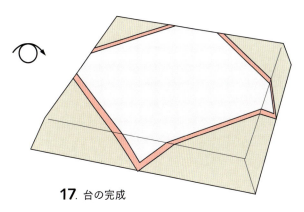

17. 台の完成

Part 3　季節の花とバラの小もの

鶴のお正月飾り

79

つばき /p69

●用紙
花=15×15cm タント 1枚、 がく=5×5cm タント（または7.5×7.5cm 折り紙） 1枚、 花芯=2.8×2.8cm 折り紙 1枚
●でき上がりサイズ
直径6.5×奥行5cm

[がく]

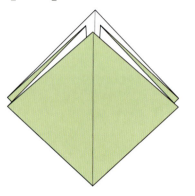

1. 正方基本形（p7）から

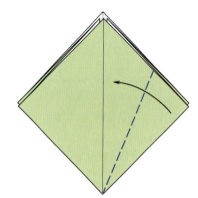

2. 中央に合わせて折る（裏も）

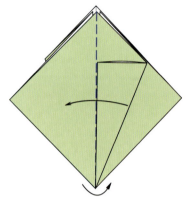

3. 1枚送る

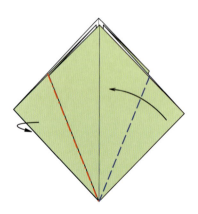

4. 中央に合わせて折る（裏も）

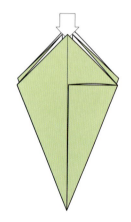

5. ひらいて立体にする

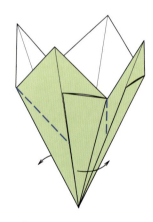

6. 谷折りし、下部をねじる

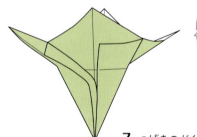

7. つばきのがく完成

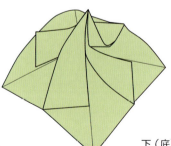

下（底）から見たところ

[花芯]

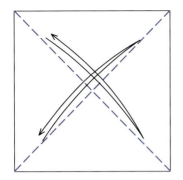

1. 折りすじをつける

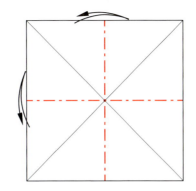

2. 折りすじをつける

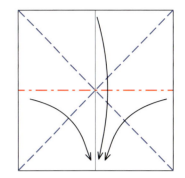

3. よせるように折る（風船の基本形）

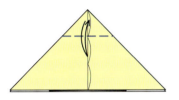

4. 折りすじをつける

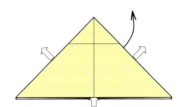

5. ひろげる

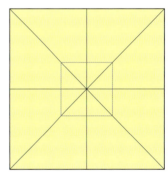

6. 花芯完成

[花]

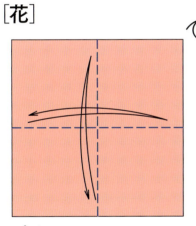

1. 折りすじをつける

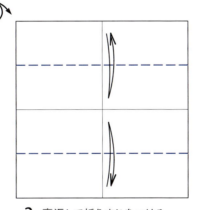

2. 裏返して折りすじをつける

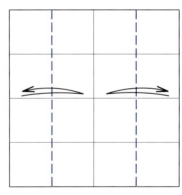

3. 折りすじをつける

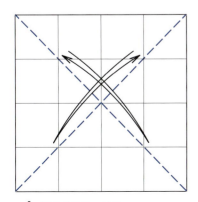

4. 折りすじをつける

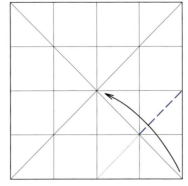

5. 右半分だけ折る

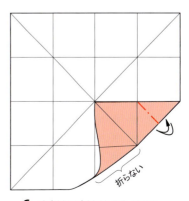

6. 山折りで折りすじをつける

Part 3　季節の花とバラの小もの

つばき

81

Part 3 季節の花とバラの小もの

つばき

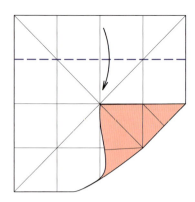
7. 上部を折る

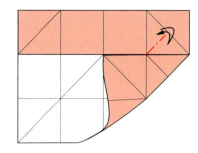
8. 山折りで折りすじをつける

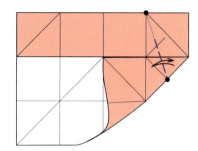
9. 折りすじをつける

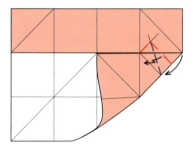
10. 段折りの要領でよせるようにたたむ

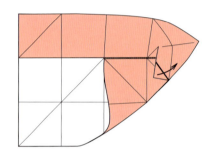
11. もどす

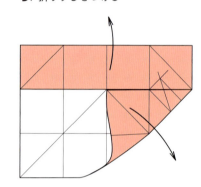
12. ひろげる

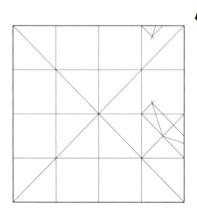
13. 向きを90°回転させる

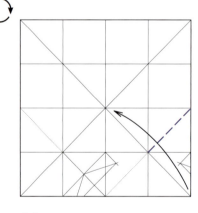
14. 5〜13をあと3回くり返す

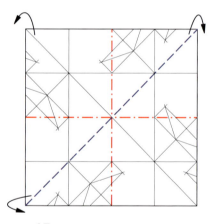
15. 正方基本形にたたむ

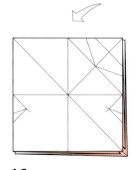
16. 向きをかえる

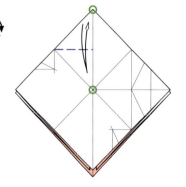
17. 重ねて折りすじをつける

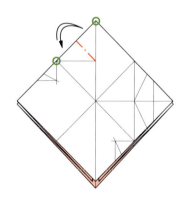
18. 重ねて折りすじをつける

82

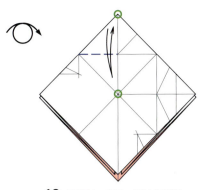
19. 裏返して17〜18と同様に

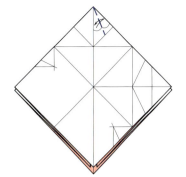
20. 重ねて折りすじをつける

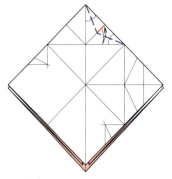
21. 重ねて折りすじをつける

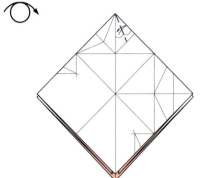
22. 裏返して20〜21と同様に

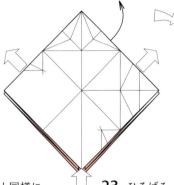
23. ひろげる

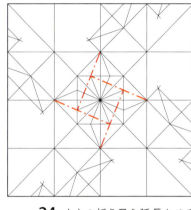
24. もとの折り目を延長させるように折りすじをつける

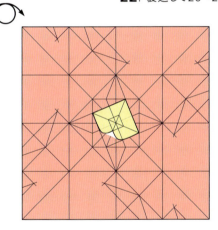
25. 裏返して花芯を貼りつける

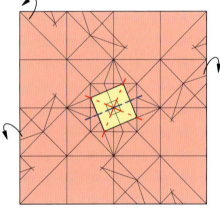
26. 花芯を風船の基本形（p7）にたたむ

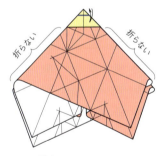
27. 折りすじをつける

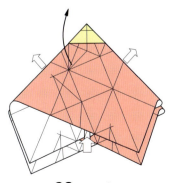
28. ひろげる

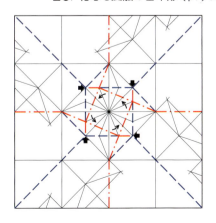
29. 中央の四角を浮き上がらせ、ねじるように折る

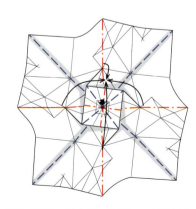
30. 風船の基本形の要領で、山折り線を中心によせるようにまとめる

Part 3　季節の花とバラの小もの

つばき

83

Part 3 季節の花とバラの小もの

つばき

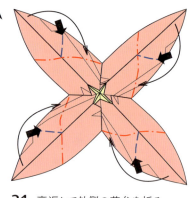
31. 裏返して外側の花弁を折る

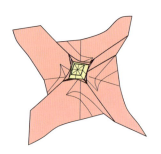
32. 花芯上部を平らにつぶす

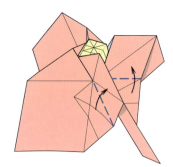
33. 花の底を整える

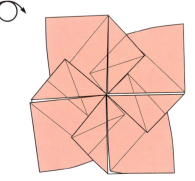
34. 下から見たところ

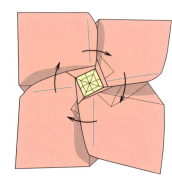
35. 花弁をねじる

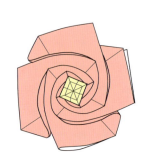
36. 強くねじり、くせをつける

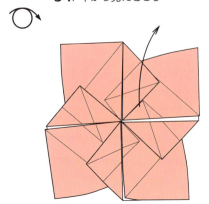
37. 外側の花弁の巻きをもとにもどしてひろげる

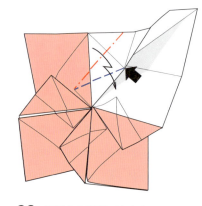
38. 段折りの要領でたたむ

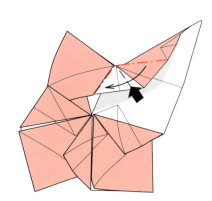
39. はさみ込むようにたたむ

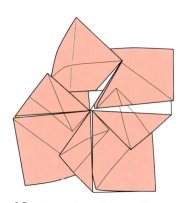
40. 残りの3個の花弁も同様に折る

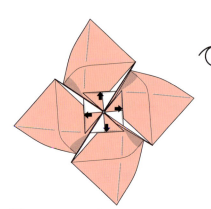
41. つまようじの先などではさみ込む

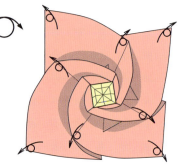
42. 花弁の先をカールさせ、形を整えて完成

カーネーション /p70

● 用紙
花＝15×15cm 折り紙 1枚、がく＝5×5cm タント（または7.5×7.5cm折り紙） 1枚
● でき上がりサイズ
直径5.5×奥行6.5cm

Part 3 季節の花とバラの小もの　カーネーション

[花]

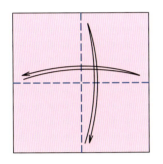
1. 折りすじをつける

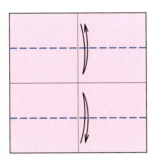
2. 折りすじをつける

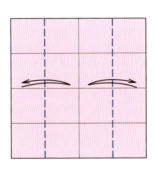
3. 折りすじをつける

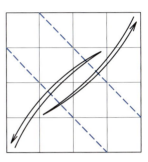
4. 折りすじをつける

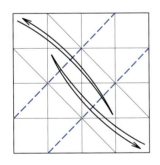
5. 折りすじをつける

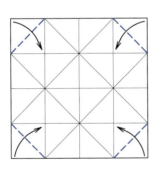
6. 四隅を折る

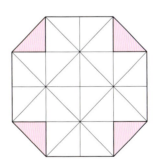
7. 裏返す

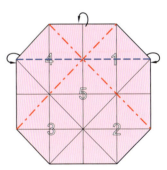
8. よせるようにたたむ
（最初は練習のために紙に数字を書くとわかりやすい）

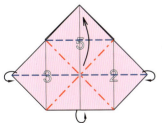
9. 上1枚をよせるようにたたむ

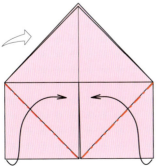
10. 中割り折り

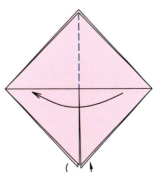
11. 1枚送る（裏も同様に）

12. 全部重ねて折りすじをつける

Part 3 季節の花とバラの小もの カーネーション

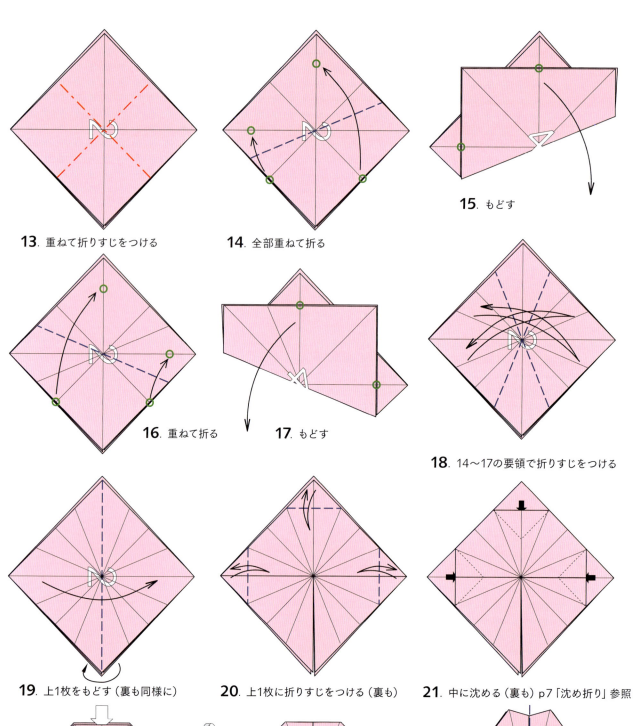

13. 重ねて折りすじをつける
14. 全部重ねて折る
15. もどす
16. 重ねて折る
17. もどす
18. 14〜17の要領で折りすじをつける
19. 上1枚をもどす（裏も同様に）
20. 上1枚に折りすじをつける（裏も）
21. 中に沈める（裏も）p7「沈め折り」参照
22. 上部をひらいてT字状にする（5面を出す）
23. ひらいたところ

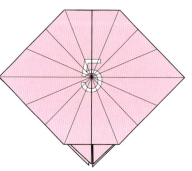

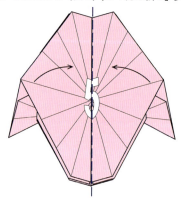

24. 5面を半分に折る

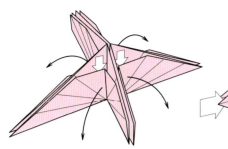

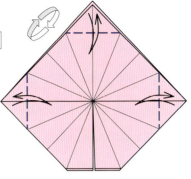

25. 周囲を折り下げる

26. ひろげてたたみなおす

27. 上1枚に折りすじをつける（裏も）

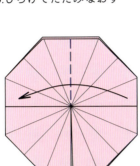
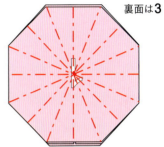

裏面は3

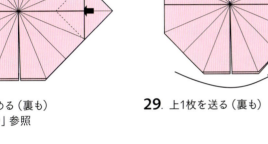
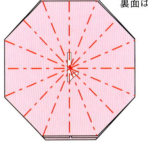

28. 中に沈める（裏も）
p7「沈め折り」参照

29. 上1枚を送る（裏も）

30. 上1枚に折りすじをつけなおす（裏も）

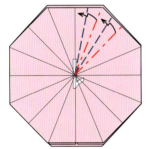
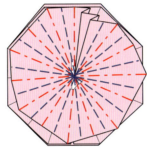
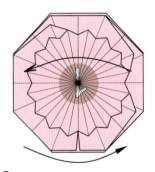

31. 上1枚にひだをよせる

32. 同様にギャザーをよせ、すり鉢状にする（裏も）

33. 1、3面に続いて、2、4面にもギャザーをよせる

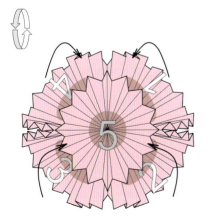
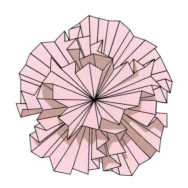

34. 花弁を中心に集めるようにして、半球状に形を整える

35. カーネーションの完成

Part 3　季節の花とバラの小もの　カーネーション

［カーネーションのがく］

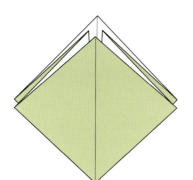
1. 正方基本形（p7）から

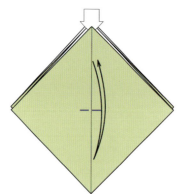
2. 上1枚に折りすじをつける

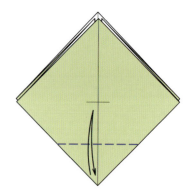
3. 折りすじをつける

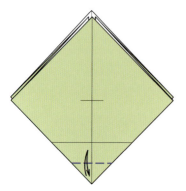
4. 折りすじをつける

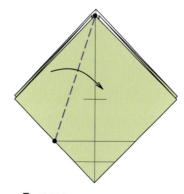
5. 谷折り

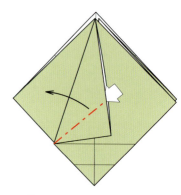
6. ひらいてたたみなおす

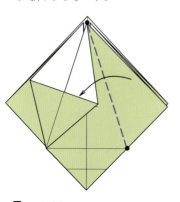
7. 反対側も5〜6と同様に

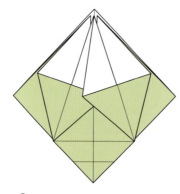
8. 裏も5〜7と同様に

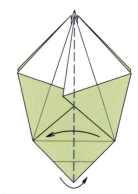
9. ひらきかえる

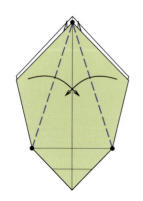
10. 左右を谷折りする（裏も）

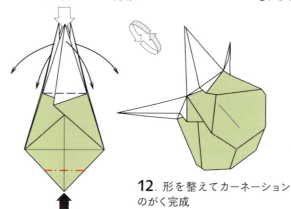
11. 上部をひらき、底を平らに沈めてふくらませる

12. 形を整えてカーネーションのがく完成

花にがくをのりづけしたところ

カーネーションのブーケ /p70

●用紙
花＝15×15cm 折り紙 4枚
葉＝5×5cm 折り紙 4枚
ゆり＝7.5×7.5cm 折り紙 5枚
花台・フレーム＝21×21cm
コピー用紙　各1枚、
ラッピングペーパー＝コピー用紙　A4サイズ1枚
リボン＝15×1.5cm 折り紙 2枚
その他＝3×5cm ホイル折り紙 1枚
●でき上がりサイズ
直径14×奥行16cm

準備：カーネーション（p85）を4個作る
　　　（がくは不要）

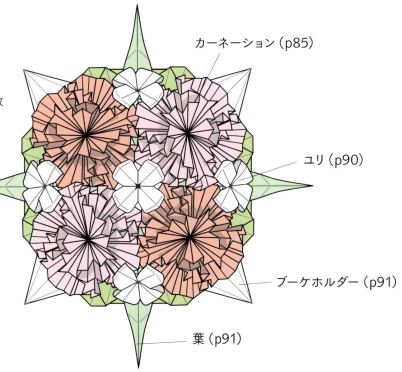

カーネーション（p85）
ユリ（p90）
ブーケホルダー（p91）
葉（p91）

バラのブーケ /p74

●用紙
花＝15×15cm タント 5枚、葉＝6×6cm 折り紙 4枚
がく＝5×5cm タント（または7.5×7.5cm）1枚
がく（中央用）＝7.5×7.5cm 折り紙 4枚
ゆり（4輪）、花台・フレーム、ラッピングペーパー
リボン、その他はカーネーションのブーケと同じ
●でき上がりサイズ
直径13×奥行18cm

準備：C3のバラ（p20）を5個作り、
がく（p16）を4個作ってバラにのりで
つけておく（1個はがくをつけない）

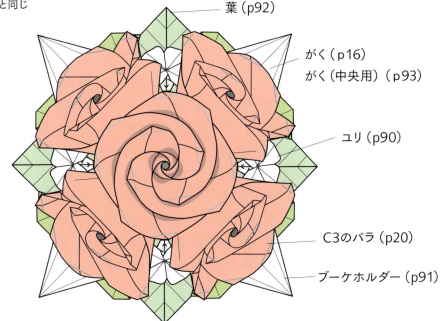

葉（p92）
がく（p16）
がく（中央用）（p93）
ユリ（p90）
C3のバラ（p20）
ブーケホルダー（p91）

[ユリ]

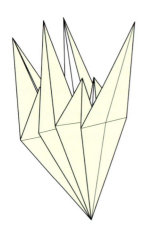

1. アヤメの基本形（p8）から

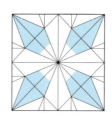

いったんひろげて青い部分にスティックのりを塗っておくと、型くずれを防ぐことができます。のりが乾く前に仕上げましょう

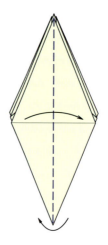

2. 1枚送る（裏も）

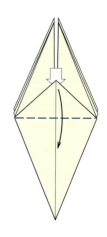

3. 三角の部分を折り上げる（他の3カ所も）

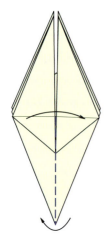

4. 1枚送る（裏も）

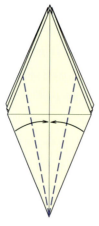

5. 端を中心線に合わせて折る

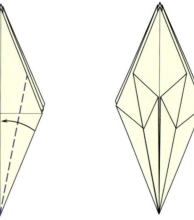

6. 他の3カ所も同様に折る

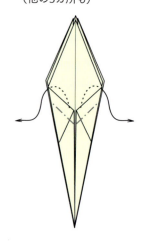

7. 中割り折りでひらく

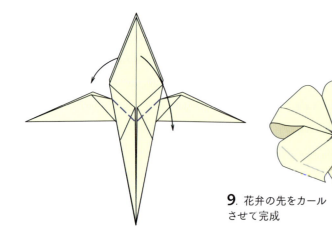

8. 7と同様にして他の2枚の花弁もひらく

9. 花弁の先をカールさせて完成

［カーネーションの葉］

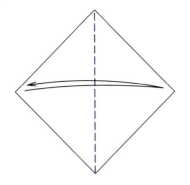
1. 折りすじをつける

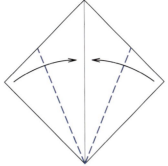
2. 端を中心に合わせて谷折り

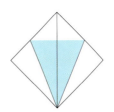
いったんひろげて青い部分にスティックのりを塗っておくと、型くずれを防ぐことができます。のりが乾く前に仕上げましょう

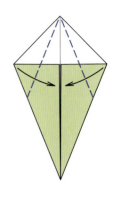
3. 中心に合わせて谷折り

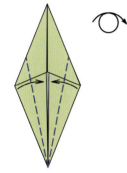
4. 中心に合わせて谷折り

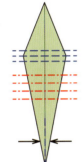
5. 全体をS字に曲げ、下端を谷折りで細める

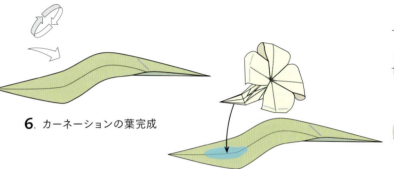
6. カーネーションの葉完成

7. ユリの軸を曲げてのりづけする

［花台］

1. 「鶴のお正月飾り」のジョイント（p76）から折る。上1枚を対角線に合わせて折る

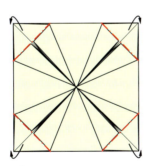
2. 山折りする

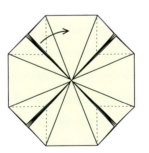
3. ひろげる

4. 1/3ずらして折りなおす 他7カ所も3〜4と同様に

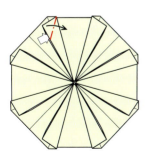
5. ひらいてたたみなおす 他7カ所も3〜4と同様に

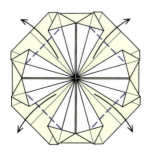
6. 谷折りでひろげる

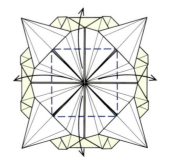
7. 谷折りでひろげる

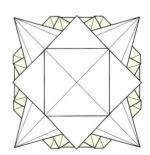
8. 花台の完成

Part 3　季節の花とバラの小もの

カーネーションのブーケ　バラのブーケ

［カーネーションのブーケ　各アイテムの配置］

1. 花台にユリと葉を4個十字にのりづけし、カーネーションをその間にのりづけする。

2. 花台の中央に穴をあけ、ユリを差し込んでのりづけする

フレーム（p94）を取りつけ、ラッピングペーパー（p94）とリボン（p95）をつけてブーケを完成させる

［バラの葉］

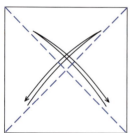
1. 折りすじをつける

2. ざぶとん折り（p8のざぶとん折りとは1の折りすじが異なる）

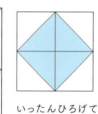
いったんひろげて青い部分にスティックのりを塗っておくと、型くずれを防ぐことができます。のりが乾く前に仕上げましょう

3. 山折りする

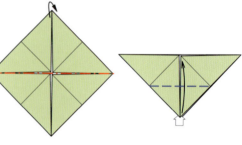
4. 上1枚を谷折りする

5. 山折りする

6. 折りすじをつけてひろげる

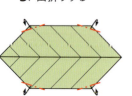
7. 山折りする

8. 葉の完成

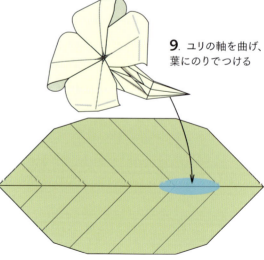
9. ユリの軸を曲げ、葉にのりでつける

[バラのブーケ　中央のがく]

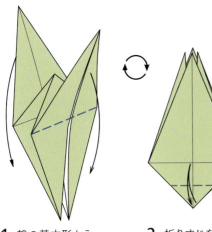
1. 鶴の基本形から

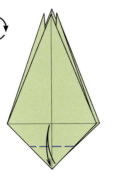
2. 折りすじをつける

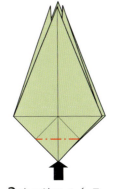
3. 中に沈める（p7「沈め折り」参照）

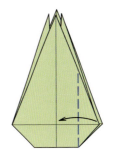
4. 中心線と平行に折る　他の面も同様に

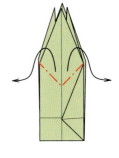
5. 中割り折り

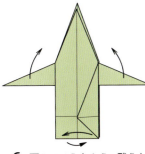
6. 戻してひらきかえ、残りも5と同様に中割り折り

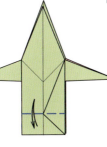
7. 折りすじをつける

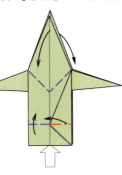
8. 折りすじに従ってひろげながら立体にする

9. 途中の図　下から見たところ

10. 形を整えて完成

[バラのブーケ　各アイテムの配置]

1. 花台に中央のがくとバラをのりでつけて配置

2. がくをつけた4個のバラを、中心によせてのりでつける

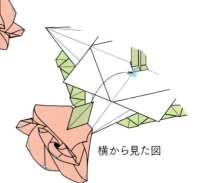
横から見た図

3. ユリと葉をバラの間にのりでつける

4. フレーム（p94）を取りつけ、ラッピングペーパー（p94）とリボン（p95）をつけてブーケを完成させる

Part 3　季節の花とバラの小もの

カーネーションのブーケ　バラのブーケ

93

［フレーム］

 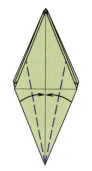 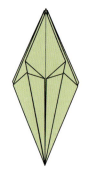 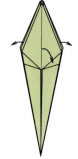

1. アヤメの基本形（p8）から
2. 上1枚を中心線に合わせて谷折り
3. 他の面も同様に
4. 少しひろげて立体的にフレームの完成

［花台とフレームの組み立て］（実際には花台に花をつけてからフレームと組み立てます）

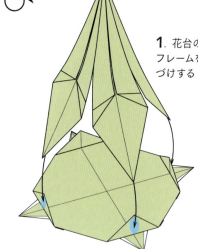 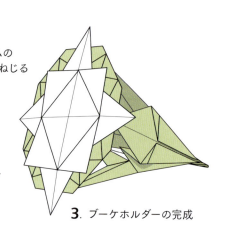

1. 花台の裏にフレームをのりづけする
2. フレームの先端を少しねじる
3. ブーケホルダーの完成

［ラッピングペーパー］

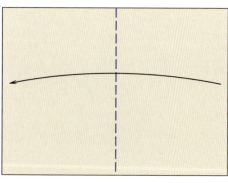 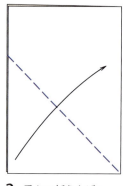 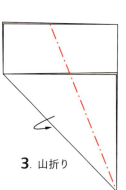 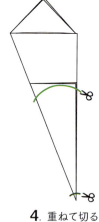

1. 半分に折る
2. 重ねて折り上げる
3. 山折り
4. 重ねて切る

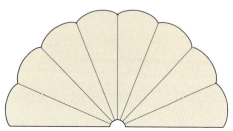   

5. ひろげてラッピングペーパー完成

飾り穴をあける場合は……

6. 4から飾り穴を切ってあける
7. 2枚めくる
8. 飾り穴を切ってあける

[リボン]

1. 左端を1/3くらいで曲げ、のりづけする

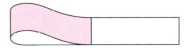

2. 同じものをもう1個作る

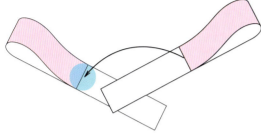

3. 2個をのりづけ

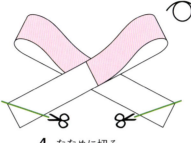

4. ななめに切る

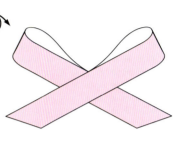

5. リボンの完成

[本体とラッピングペーパーの組み立て]

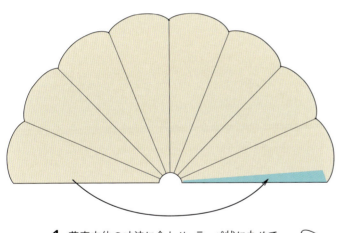

1. 花束本体の寸法に合わせ、ラッパ状に丸めてのりづけして止める

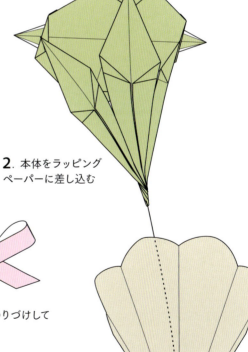

2. 本体をラッピングペーパーに差し込む

3. テープで仮止めし、ホイル折り紙にのりをつけて包み込む

4. リボンをのりづけして止める

5. 花束完成

Part 3 季節の花とバラの小もの

カーネーションのブーケ　バラのブーケ

バラのテーブルフラワー /p71

●用紙
花＝15×15cm タント 5枚、がく＝5×5cm タント（または7.5×7.5cm 折り紙）5枚
葉＝6×6cm 折り紙 4枚、ユリ＝7.5×7.5cm 折り紙 4枚、花台＝21×21cm コピー用紙 1枚
脚＝15×15cm コピー用紙 1枚、八角形の紙＝6×6cm コピー用紙 1枚

●でき上がりサイズ
直径12×高さ9cm

準備：C1のバラ（p17）を5個作る。がく（p16）を5個作り、花にのりづけする
　　　バラの葉（p92）を4個作る。ユリ（p90）を4個作り、バラの葉にのりづけする

[花台]

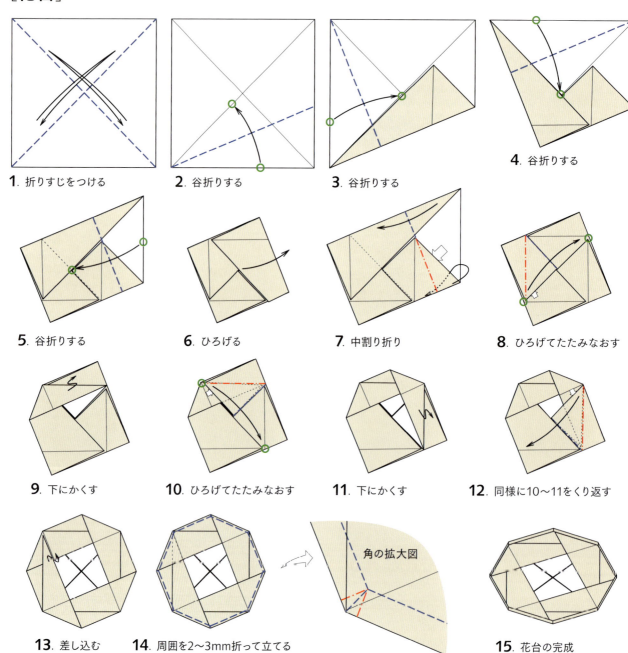

1. 折りすじをつける
2. 谷折りする
3. 谷折りする
4. 谷折りする
5. 谷折りする
6. ひろげる
7. 中割り折り
8. ひろげてたたみなおす
9. 下にかくす
10. ひろげてたたみなおす
11. 下にかくす
12. 同様に10〜11をくり返す
13. 差し込む
14. 周囲を2〜3mm折って立てる
15. 花台の完成

角の拡大図

[脚]

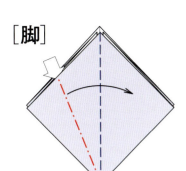

1. 正方基本形（p7）から折る 1枚をひらいてつぶす

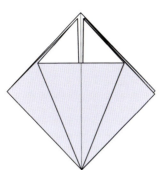

2. 他の3カ所も1と同様に

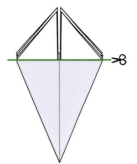

3. 切る（八角形の紙完成）

4. 折りすじをつける

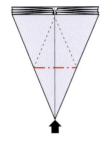

5. 中に沈める（p7「沈め折り」参照）

6. 羽を均等にひろげ、曲げぐせをつける

7. 脚の完成

[組み立て]

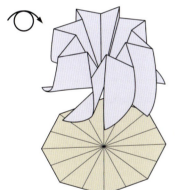

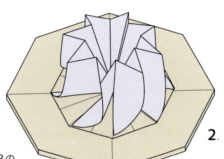

1. 八角形の紙を1〜3の要領で切り出し、脚の曲げぐせをつけたところにのりをつけて八角形の角に合わせてのりづけする

2. 花台の裏面にのりづけする

3. 花器の完成

[パーツの配置]

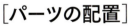

1. ユリと葉を十字になるように花台に貼る。その間にバラを4個のりづけする

2. 中心に残りのバラ1個を立てるようにのりづけする

Part 3　季節の花とバラの小もの　バラのテーブルフラワー

ヒマワリ /p72

<ぼうしのヒマワリ>
●用紙
花弁＝12×12cm 折り紙 1枚、花芯＝6×6cm 折り紙 1枚、葉＝5×5cm 折り紙 2枚
●でき上がりサイズ　花＝直径6cm、葉＝縦5×横2.5cm

<単体のヒマワリ>
●用紙
花弁＝15×15cm 折り紙 1枚、花芯＝7.5×7.5cm 折り紙 1枚、葉＝7.5×7.5cm 折り紙 2枚
●でき上がりサイズ　花＝直径8cm、葉＝縦5×横3cm

▶葉の折り方はp92参照

[花弁]

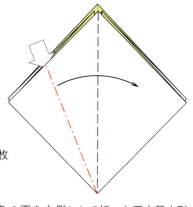

1. 色の面を内側にして折った正方基本形（p7）から上1枚をひらいてつぶす

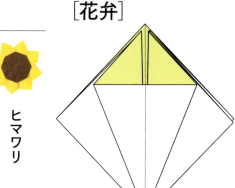

2. 他も同様に　　3. 折りすじをつける

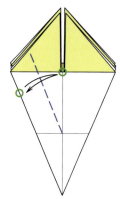

4. 重ねて折りすじをつける

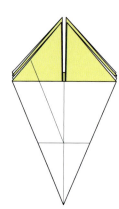

5. 裏返す

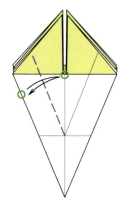

6. 重ねて折りすじをつける

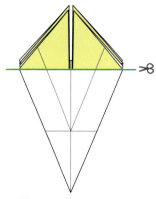

7. 上部を切り落とす

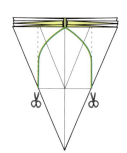

8. 重ねて花弁を切り出す

9. 縦半分に折る

10. 重ねて折りすじをつける

11. 中割り折り（p7）をする

12. 花弁をひろげる

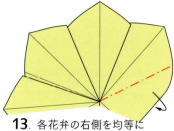

13. 各花弁の右側を均等に山折りしてひらく

14. 形を整えて花弁の完成

[花芯]

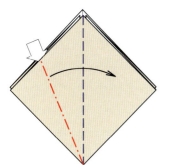

1. 正方基本形（p7）から折る
1枚ひらいてつぶす

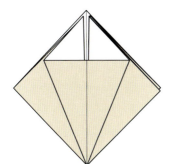

2. 他も同様に

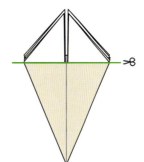

3. 上部を切り落とす

4. ひろげる

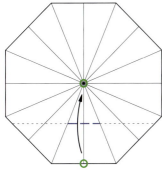

5. 中心に合わせて谷折り

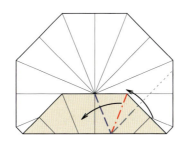

6. たるみを左によせながら、中心に合わせて谷折り

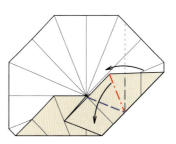

7. 6と同様に中心に合わせて谷折り

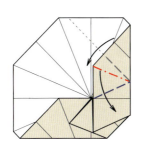

8. 順次6〜7をくり返す

9. 8つの爪を斜めに立てる

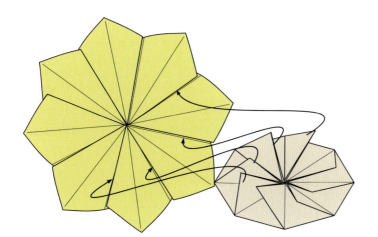

10. 花芯の爪を花弁のすきまに差し込む

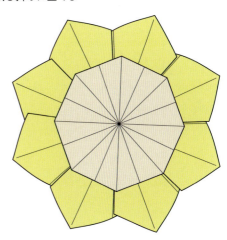

11. ヒマワリの完成

Part 3　季節の花とバラの小もの

ヒマワリ

ぼうし / p72

＜ヒマワリをつけたぼうし＞
- ●用紙　ぼうし＝21×21cm コピー用紙 1枚、リボン＝21×1.5cm 折り紙 2枚
- ●でき上がりサイズ　直径13×高さ3cm

＜単体のぼうし＞
- ●用紙　ぼうし＝15×15cm 折り紙 1枚、リボン＝15×1cm 折り紙 2枚
- ●でき上がりサイズ　直径10×高さ2cm

[本体]

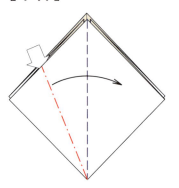

1. 色の面を内側にして折った正方基本形（p7）から1枚をひらいてつぶす

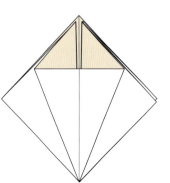

2. 他も1と同様に

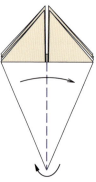

3. 1枚送る（裏も）

4. 上1枚を折り下げる

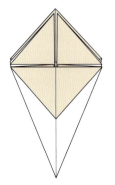

5. 他も同様に

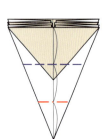

6. 三等分で折りすじをつけ、ひろげる

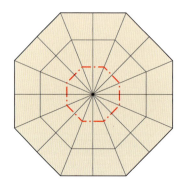

7. 折りすじをつけなおす

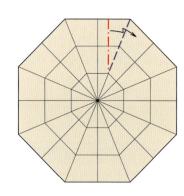

8. 段折りの要領でよせる

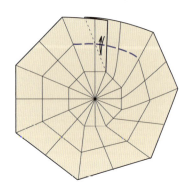

9. 重ねて折りすじをつけなおす

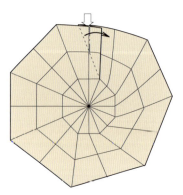

10. 下になった部分を山折りしながら引き出す

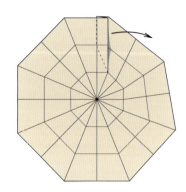

11. もどす

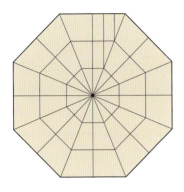

12. 他の辺も同様に8〜11をくり返す

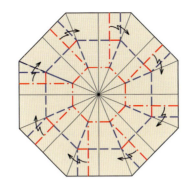

13. 折りすじにしたがって立体にする

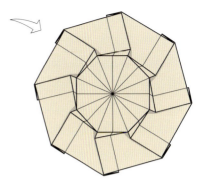

14. 裏返す

Part 3　季節の花とバラの小もの

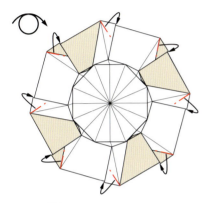

15. 山折りではさみ込む

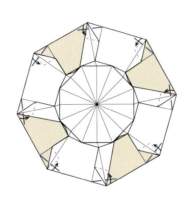

16. 角を谷折りする

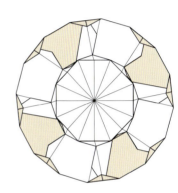

17. 裏返す

ぼうし

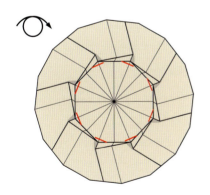

18. へこませるように角に折り目をつける

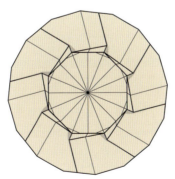

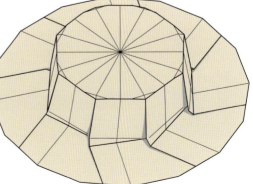

19. 全体の形を整えて完成

101

[リボン]

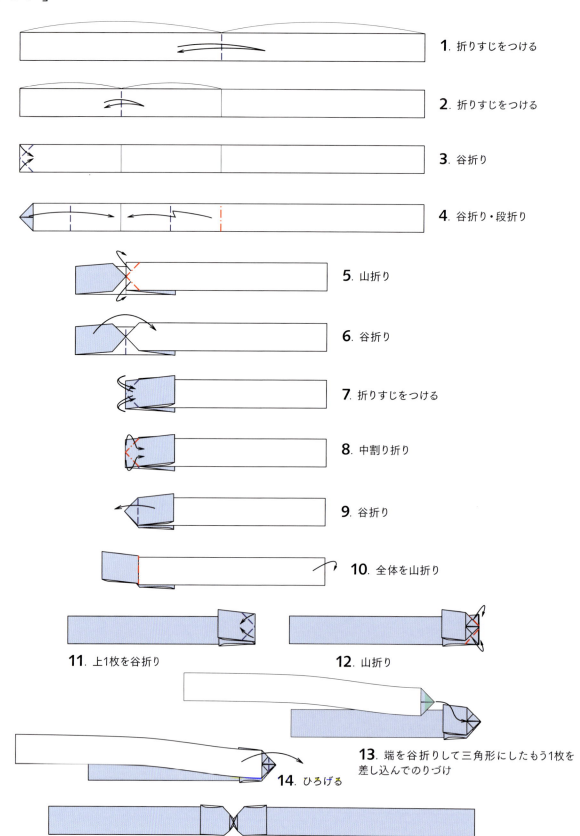

クリ /p73

●用紙
イガ＝15×15cm 折り紙 3枚、実（大）＝12×12cm 折り紙 適宜、実（小）＝6×6cm 折り紙 3枚
イガの内側＝4.5×13cm タント 1枚

●でき上がりサイズ
イガ＝直径8cm×奥行5cm、実（大）＝幅4.5×高さ5×奥行3cm、実（小）＝幅2.5×高さ3×奥行1.5cm

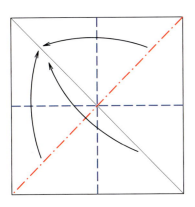

1. 正方基本形（p7）4から折りすじをつけ、よせるようにたたむ

2. 向きをかえる

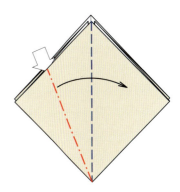

3. 1枚をひらいてつぶす

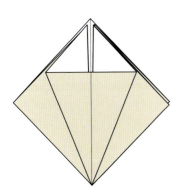

4. 他も3と同様に

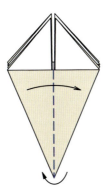

5. 1枚送る（裏も）

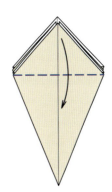

6. 上1枚を折り下げる

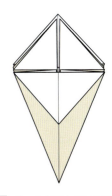

7. 他の2カ所も6と同様に（1カ所は残しておく）

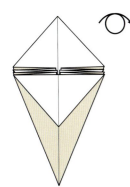

8. 裏返す

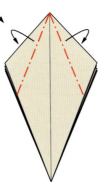

9. 上1枚を山折り

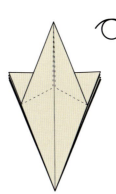

10. 裏返す

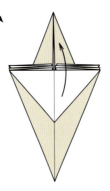

11. もどす

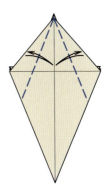

12. 折りすじをつける

103

Part 3 季節の花とバラの小もの クリ

13. 山折りですぐ裏にはさみ込む

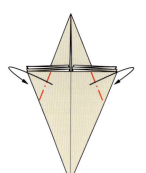
14. 上1枚を山折り

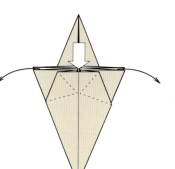
15. 左右に引き出す

16. 少しひろげる

17. よせるようにたたむ

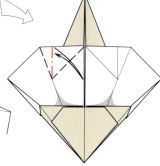
18. もどす

19. 他の3カ所も17〜18と同様に

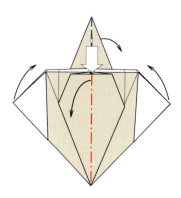
20. 全体をひらいてつぶす

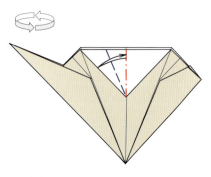
21. 段折りの要領でよせて上1枚に折りすじをつける

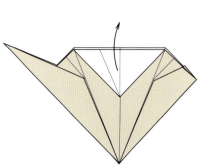
22. ひろげる

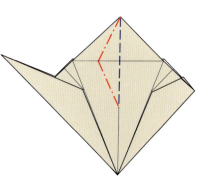
23. 折りすじをつけなおす

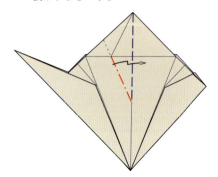
24. 段折りの要領でよせる

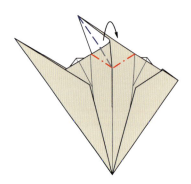
25. 中に折り込む

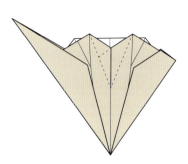
26. 反対側も21〜25と同様に

104

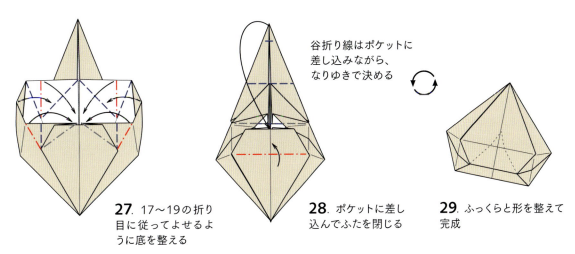

27. 17〜19の折り目に従ってよせるように底を整える

28. ポケットに差し込んでふたを閉じる

谷折り線はポケットに差し込みながら、なりゆきで決める

29. ふっくらと形を整えて完成

[イガ]

カーネーション（p85）を3個作る

[組み立て]

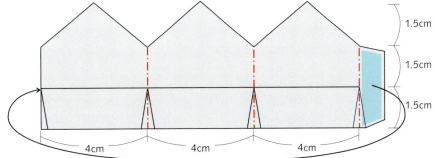

1. 山折りで三角の筒状にし、のりで止める

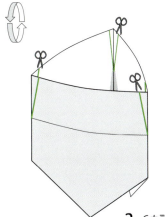

2. 6カ所切り込みを入れる

3. 組むように底を閉じる

4. 裏返す

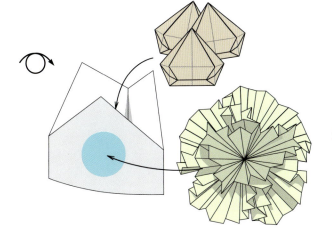

5. 3つの面にイガ（カーネーション）をのりで貼り、実（小）を3個入れて完成

Part 3　季節の花とバラの小もの　クリ

ギフトボックス /p75

Part 3
季節の花とバラの小もの
ギフトボックス

●用紙
箱＝15×15cm 折り紙またはタント 8枚
バラ（U7L-4）＝12×4cm
　（または（U7W-4）＝7.5×7.5cm）タント 4枚
●でき上がりサイズ
縦7.5×横7.5×高さ8.5cm

準備：U7L-4（p63〜64）
　　　またはU7W-4（p66）のユニットを4個作る

［上箱］

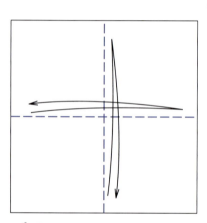

1. 折りすじをつける

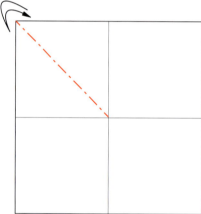

2. 山折りで折りすじをつける

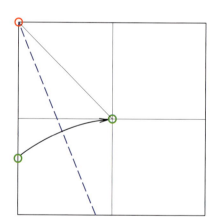

3. 谷折り

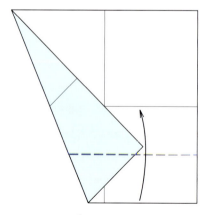

4. 下部を折り上げる

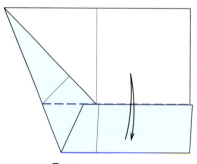

5. 折りすじをつける

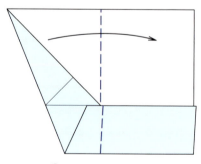

6. 谷折り

106

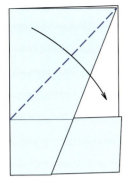

7. 谷折り

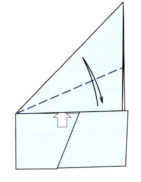

8. 上1枚に折りすじをつける

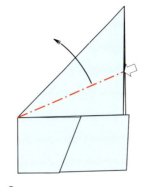

9. ひらいてたたみなおす

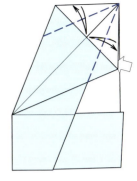

10. 上1枚に折りすじをつける

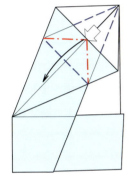

11. カエルの基本形（p9）の要領でひらいてたたむ

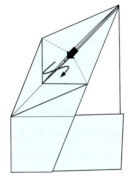

12. 紙をひらいて上の三角を中に沈める

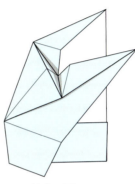

途中の図

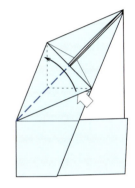

13. めくり上げる

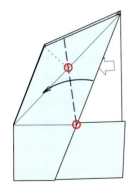

14. 谷折り

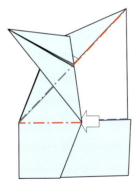

15. 立体にする

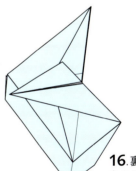

16. 裏返し、向きをかえる

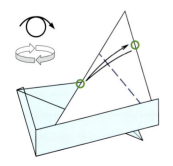

17. 折りすじをつける

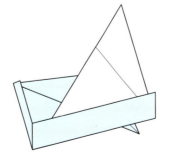

18. 上箱のユニットが完成 同じものを4個作る

Part 3　季節の花とバラの小もの　ギフトボックス

[上箱の組み立て]

Part 3 季節の花とバラの小もの ギフトボックス

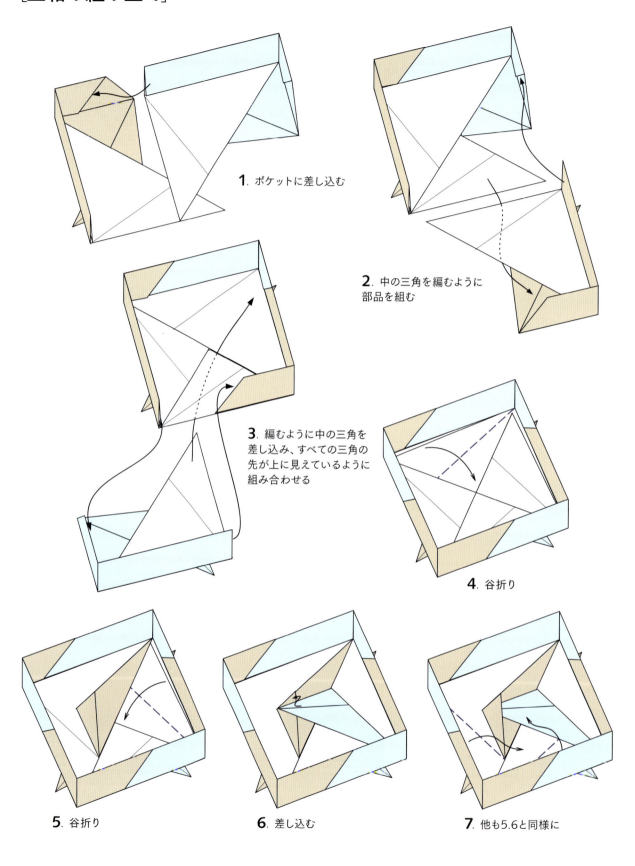

1. ポケットに差し込む
2. 中の三角を編むように部品を組む
3. 編むように中の三角を差し込み、すべての三角の先が上に見えているように組み合わせる
4. 谷折り
5. 谷折り
6. 差し込む
7. 他も5.6と同様に

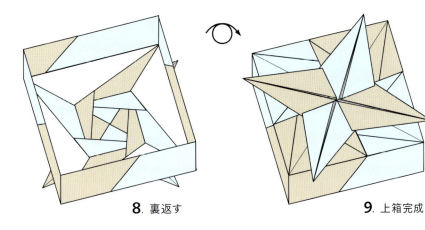

8. 裏返す　　9. 上箱完成

［バラの取りつけ］

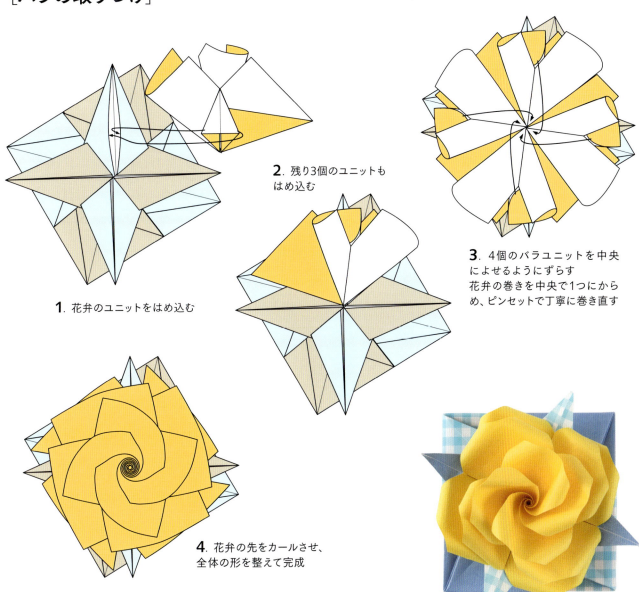

1. 花弁のユニットをはめ込む

2. 残り3個のユニットもはめ込む

3. 4個のバラユニットを中央によせるようにずらす
花弁の巻きを中央で1つにからめ、ピンセットで丁寧に巻き直す

4. 花弁の先をカールさせ、全体の形を整えて完成

Part 3　季節の花とバラの小もの

ギフトボックス

[中箱]

Part 3 季節の花とバラの小もの ギフトボックス

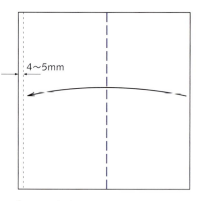

1. 図を参考に外箱よりもサイズを ひかえて折る

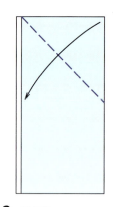

2. 谷折り

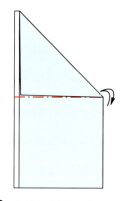

3. 山折りで折りすじ をつける

4. 上の1枚をめくって折る

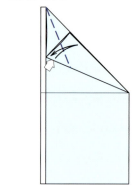

5. 折りすじをつける

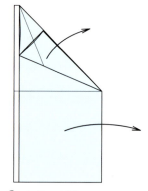

6. 全部ひろげる

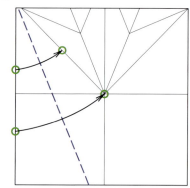

7. 谷折り

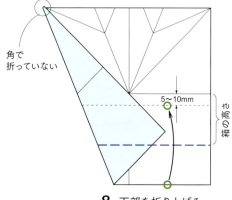

8. 下部を折り上げる

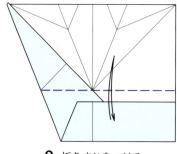

9. 折りすじをつける

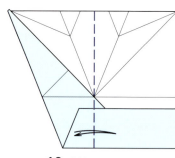

10. 折りすじをつける

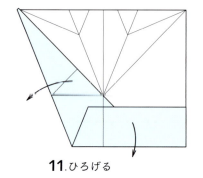

11. ひろげる

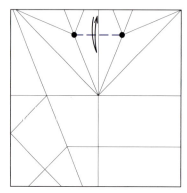

12. 折りすじをつける

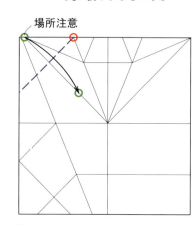

13. 谷折り

110

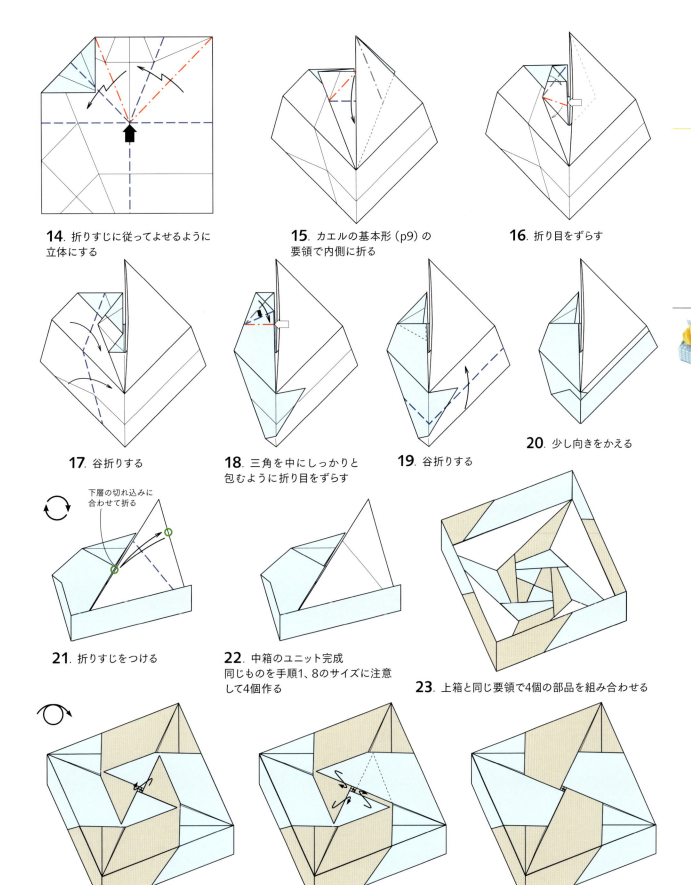

折り紙を折る楽しさや、ちょっとした工夫を記したブログ「薔薇と折り紙の日々」を開設したのが2009年8月のことでした。
新規創作作品の掲載も徐々に増え、10年目の今年には累積アクセス数が300万回を超えるまでになりました。
折り紙教室にもたくさんの方にお越しいただけるようになりました。
受講生の方々に「より楽しく美しい作品を」との思いを新たな原動力として新作の開発を鋭意進めてまいりました。
このたびオリジナル作品を集めた書籍を出版する機会をいただき、たいへんうれしく思っています。
比較的やさしい作品から、かなり手の込んだ難しい作品まで、ブログや教室で高評価をいただいた作品を選りすぐって掲載しています。
本書籍の折り紙を通じ、多くの方にモノ作りの楽しさを感じていただけるように、そして時間と空間を超えて、皆さんのお手元で作品が上手く再現されるように、祈っています。

中 一隆

中 一隆 Kazutaka Naka
1962年 東京都北区生まれ。
東京高等専門学校電子工学科を経て長岡技術科学大学工学研究科修了。
工学修士。
約20年にわたりエンジニアとして高精細画像の処理装置・表示装置の研究開発に従事。
病気入院を機に折り紙に目覚める。
2009年 ブログ「薔薇と折り紙の日々」開設。
カルチャースクールでの折り紙講習のかたわら創作活動を始める。
日本折紙協会認定「折紙講師」
社会通信教育協会認定「生涯学習二級インストラクター（折り紙）」
ブログ案内
薔薇と折り紙の日々
http://naka-origami.cocolog-nifty.com/

[Staff]
ブックデザイン／寺山文恵
撮影／森谷則秋
折り図トレース／二宮知子
編集協力／有馬麻理亜　沢路美子
編集／高澤敦子
編集デスク／飯島亮子

●本誌に掲載する著作物の複写に関わる複製、上映、譲渡、公衆送信（送信可能化を含む）の各権利は株式会社日本ヴォーグ社が管理の委託を受けております。
JCOPY ＜（社）出版著作権管理機構　委託出版物＞
●本書の無断複製は著作権法上での例外を除き禁じます。
複写される場合は、そのつど事前に、（社）出版著作権管理機構（電話 03-5244-5088、FAX 03-5244-5089、e-mail:info@jcopy.or.jp）の許諾を得てください。
●落丁、乱丁本がありましたらお取り替えいたします。小社販売部までご連絡ください。

折り紙のバラとくすだま
著者／中 一隆
発行日／2019年11月22日
発行人／瀬戸信昭
編集人／厳樫 融
発行所／株式会社 日本ヴォーグ社
〒164-8705 東京都中野区弥生町5-6-11
TEL 03-3383-0638（編集）03-3383-0628（販売）
振替／00170-4-9877
出版受注センター
TEL 03-3383-0650　FAX 03-3383-0680
印刷所　図書印刷株式会社

Printed in Japan　©Kazutaka Naka
NV70539　ISBN978-4-529-05913-8 C0076

あなたに感謝しております We are grateful.
手づくりの大好きなあなたが、
この本をお選びくださいましてありがとうございます。
内容はいかがでしたでしょうか？
本書が少しでもお役に立てば、こんなにうれしいことはありません。
日本ヴォーグ社では、手づくりを愛する方とのおつき合いを大切にし、ご要望におこたえする商品、サービスの実現を常に目標としています。
小社及び出版物について、何かお気づきの点やご意見がございましたら、何なりとお申し出ください。そういうあなたに、私共は常に感謝しております。
株式会社日本ヴォーグ社　社長　瀬戸信昭
FAX　03-3383-0602

日本ヴォーグ社関連情報はこちら
（出版、通信販売、通信講座、スクール・レッスン）
https://www.tezukuritown.com/　手づくりタウン　検索